KB260965

# 착한 성공

# 착한 성공

이경수 지음 | 신현숙 인터뷰

민음인

"나는 진정성이 있었다는 것 외에
자랑할 것이 없습니다.
진심을 간직했고
기회를 잡았을 뿐입니다."

'아딸' 이름이 알려지면서 나는 여러 곳에서 강연 요청을 받는다.

전주도청 강연에 갔을 때의 일이다. 전주가 고향인지라 마침 그곳에 참석한 친구들도 있었나 보다. 강연이 끝나고 찾아온 친구들은 너무나 놀라워했다.

"많이 변했다. 정말 꿈을 이뤘구나."

소극적이기만 했던 학생 시절을 되돌아보면, 강연회에서의 내 모습을 지켜본 친구들의 반응은 당연한 것이었는지 모른다. 뒤늦게 발견한 나의 열정이 소극적이고 답답한, 그저 성실하기만 했던 나를 융성하게 만들어 주는 순간이었다.

"꿈을 이뤘구나."라는 친구들의 말에 나는 정말 행복했다.

꿈을 이룬 삶은 행복한 삶이다. 내가 행복한 성공을 이뤄 내게 된 동인은 바로 꾸준한 노력이었다. 행복학자들의 말에 의하면 행복이 자부심을 불러일으키고 그것을 통해 일도 잘 수행하게 한단다. 나의 행복은 저절로 굴러들어 온 것이 아니었다. 애써 노력하며 구했고 지금도 구하고 있다. '아딸'의 초창기부터 나와 내 가족은 한시라도 가만히 있기보다는 부지런히 움직였던 것 같다.

장인어른은 튀김을 튀기셨고, 아내는 떡볶이를 만들었다. 나는 겨우내 가게 앞 길가에서, 지나가는 아이들에게 어묵 국물을 나눠 주었다. 어머님은 가게 밖에서 종일 가게 홍보 전단지를 돌리셨다. 체인점이 생기기 시작하자, 아버님은 튀김 가루와 떡볶이 소스를 만들어 점주님들에게 배송해 주셨다.

가족 모두가 한시도 쉬지 않고 기쁨으로 일을 하면서 이뤄 낸 '아딸'은 나의 행복을 차지하는 전부다.

1972년. 장인어른은 경기도 문산에서 '문산 튀김집'을 시작하셨다. 그 후 30년 이상 튀김을 만들어 오시던 장인어른(이영석, 2004년 작고)과 시집간 딸(이현경, 現 아딸 이사), 그리고 사위인 내가 힘을 합쳐 2000년 11월에 서울 금호동에 '자유시간'이라는 분식집을 열었다. '자유시간'이란 분식점 이름은, 간판을 새로 설치할 돈이 없어, 내가 임대한 매장에 걸려 있던 간판인 '자유시간 호프'에서 '호프' 자만 떼어 내고 재활용하면서 정해진 것이었다.

장인어른의 음식 노하우와, 딸과 사위의 아이디어를 담아 탄생한 '자유시간'은 그 후 동네 맛집으로 소문이 났고, 방송까지 출연하게 되었다. 방송 출연 후, 이화여대 앞으로 매장을 옮기면서 이름을 '아딸'(아버

▶ 2002년 4월. '아딸'이란 이름으로 처음 오픈한 이대점에서 장인어른과 아내가 날 보고 웃고 있다. 피곤하고 힘들었
지만, 남편인 날 믿고 웃어 주는 아내가 고맙다. 튀김 때문에 항상 상처투성이였던 장인어른의 팔이 사진에서도 선명하
게 보인다. 미안하고 고맙고 그리운 시절이다.

지 튀김 딸 떡볶이)로 바꿨다. 그렇게 시작한 '아딸'은 2008년 3월 200호
점을 돌파해, 지금은 950호 점(2012년 12월 기준)까지 체인점이 늘어났
다. 그리고 해외 진출(베이징 우타커점 2011년 7월, 베이징 왕징점 2012년
3월)과 프리미엄 분식점인 '아딸cafe'를 론칭하게 되었다.


'자유시간' 이후 12년 동안 꿈으로만 갖고 있던 '행복한 성공'의 목표
가 이뤄진 것이다.

덕본재말(德本財末)이라는 말이 있다. 「대학」에 나온 이 말은 사람이
살아가는 데 뿌리는 '덕'이고 재물은 사소한 부분을 차지한다는 것이다.

나는 매 시간 돈을 벌려고 하지 않았다.

단지 열심히 사랑하는 사람과 행복하게 오래 살기 위해 몸을 움직였다.

이 책에는 단순하지만 우직한 내 이야기를 담았다.

어려운 성공의 법칙이나 해박한 경영 철학이 담겨 있지 않다.

내가 하는 이야기의 전부는

사랑하라,

오래 살라,

행복하라,

그리고 모든 것 위에 사람을 두라,

이것으로 귀결된다.

그리고 이 단순한 진리 위에서 어떻게 일하고 어떻게 사랑했는지를 담았다.

나는 손으로 무언가를 만들고 사람들에게 건넴으로써 행복한 사람이다. 그동안 내가 현장에서 경험한 실생활은 나의 큰 자산이다. 삶을, 사업을, 행복을 구하는 모든 사람에게 내 작은 이야기가 도움이 되기를 간절히 기도한다.

이경수

"장인어른은 튀김을 튀기셨고, 아내는 떡볶이를 만들었습니다.
가족 모두 한시도 쉬지 않고 기쁨으로 일하면서 이뤄 낸 '아딸',
이제는 아딸이 내게, 또 가족과 이웃에 행복을 전해 줍니다.
제가 이 책에서 말하고자 하는 전부는
'사랑하는 사람들과 오래, 행복하게 살라.
그리고 모든 것 위에 사람을 두라.'입니다.
삶에서 또 다른 시작을 구하는 분들께
저의 이야기가 도움이 되었으면 합니다."

"꿈꾸는 사람이 되면, 그 꿈이 당신에게 기회를 만들어 줍니다.
작은 것에 집중해 자신의 꿈을 키워 가는 사람은 반드시 성공합니다."

01

# '떡볶이'로
# 승부를 걸다

## 나의 꿈이 내 값어치를 만든다

차량이 밀리는 도로 한 편에서 호두과자를 사 먹은 적이 있다. 꽉 막힌 도로 위에는 차 사이사이를 누비면서 뻥튀기를 파는 이도 있고 호두과자를 파는 사람도 있었다. 궁금해서 들여다보니 조그만 트럭 안에 호두과자 기계를 한 대 들여놓고 호두과자를 만들고 있었다. 그가 가진 것은 차 한 대와 기계 한 대뿐. 가게를 꾸릴 돈이 없으니 길거리에서 고생스럽게 일할 수밖에 없는 운명일까 생각했다.

똑같은 상황에서도 더 나은 인생을 사는 사람이 있다. 지금은 길에서 장사를 하더라도 언젠가 기업을 이룰 가능성은 누구에게나 있다. 다만 나의 꿈을 다른 사람이 대신 꿀 수는 없다. 하지만 가슴에 기업을 품고 있으면 현재는 상황이 좋지 않더라도 언젠가는 꿈을 이룰 수 있다.

그 도로에서 천 원짜리 호두과자를 사 먹었는데 냄새가 났다. 어제 남은 반죽을 섞어서 만든 것 같았다. 게다가 호두과자에 호두가 없었다. 마치 '천 원짜리 길거리 호두과자에 뭘 기대하고 그래? 그냥 기부했다고 생각해.'라는 마음으로 만들어 파는 것 같아 슬퍼졌다.

천 원짜리 호두과자에는 호두가 안 들어가는 것이 당연한 일인가. 반대라면 얼마나 좋았을까. 나는 세금을 안 내니까 더 큰 호두를 넣어 줘야지, 가겟세도 내지 않으니까 더 좋은 재료를 써야지, 그렇게 생각할 수는 없었을까. 호두가 없는, 냄새 나는 호두과자를 파는 건 어쩌면 꿈이 없어서, 또는 꿈꾸는 방법을 몰라서일 것이다. 자기가 노력한 끝에 더 나은 경험을 해본 적이 없어서 그렇게 사는 것이다. 이렇게 아끼며 살아야 그나마 자신이 먹고살 수 있다고 잘못 생각하는 것이다.

꿈을 가진 호두과자 장수라면 어땠을까? 어떻게 하면 이것을 좀 더 맛있게 만들어 볼 수 있을까 고민할 것이다. 요즘은 웰빙이 트렌드라고 하니, 호두만 넣지 말고 호박씨나 해바라기씨도 넣어 보고 아몬드도 넣어 보고 온갖 견과류를 다 넣어 보면 어떨까. 넣어 보고 어울리지 않으면 넣지 않으면 된다. 대기업에서 신제품을 연구하고 맛을 개발하는 사람들도 다 그런 식으로 한다. 답을 알고 있는 사람은 어디에도 없다.

길거리에서 호두과자를 사서 먹는데 아몬드가 씹힌다. 견과류가 들어 있는 호두과자, 골라 먹는 재미가 있는 호두과자를 만든 것이다. 한번 사 먹은 사람들은 다음에 또 그 길을 지날 때 사게 될 것이다. 그러다 보면 3,000원이라고 해도 살 것이다. 식구들에게 사다 주었더니, 길거리에서 샀지만 호두과자 전문점 것보다 맛있다고 한다면, 그런데 마침 그걸 사 먹은 사람 중에 방송 PD가 있었다면, 혹은 도로 위에서 불티나게 팔리는 호두과자를 봤다면, 그 호두과자의 인기가 장사하는 사람의 마인드가 달라서 그런 것이라면, 방송 소재가 되어 전파를 타면서 그의 인생이 달라질지도 모르는 일이다.

방송에 한번 나간 다음부터는 그 비결을 알려 달라는 사람도 생길 것이고, 재료를 납품해 달라는 제안이 들어올 수도 있다. 호두과자 재료만 팔아도 성공할 수 있을 것이다. 자신이 처한 현실에서 할 수 있는 최선을 다해 보는 것이 중요하다.

나도 그랬다. 떡볶이 장사를 시작한 지 14개월 만에 방송을 탔고, 전화가 빗발쳤고, 그것이 하나하나 결실을 맺다 보니 1,000개 가까운 체인점을 가진 기업이 되었다. 돈이 있어서 방송을 탄 게 아니라 소재가 될 만했기에 방송에 나갈 수 있었다. 작은 것 하나라도 다르게 생각하는 것이 관건이다. 그 작은 것 하나가 그 사람의 모든 걸 바꿀 수 있다. 팔자소관이라고 생각하지 말고 꿈을 꾸는 사람이 된다면 그 꿈이 자신에게 기회를 만들어 준다는 것을 기억하기 바란다.

천 원짜리 인생을 사느냐 마느냐는 결국 내가 정하는 것이다. 다른 사람이 그 인생을 내게 준 것이 아니다. 길거리에서 맛없는 천 원짜리 호두과자를 사 먹으면서 생각했다. 이런 호두과자를 팔고 있는 이에게 꿈을 심어 주는 사람이 되면 좋겠다고. 그는 돈이 없어서 그렇게 사는 것이 아니라 꿈이 없어서 그런 것이라고. 꿈이 있으면 스스로를 채찍질하고 연구하게 만든다는 것을 안다. 작은 것에 집중해 자신의 꿈을 가꾸어 가는 사람들이 성공을 거두는 세상을 기대한다.

## 내 안의 사업가 기질을 발견하다

나는 고등학교까지는 내성적이었고 공부도 잘하지 못해 삼형제 중 가장 못났다고 생각했다. 내 인생이 막막하기만 했고 나보다 못난 사람은 없을 거라고 자책했다. 옆자리 짝꿍도 내가 있는지 없는지 모를 정도로 나는 존재감이 없었다. 게다가 대인공포증도 있어서 앞에 나가 발표하는 일도 무척 힘들어했다. 그러나 대학교에 입학해 다양한 장사 속으로 뛰어들어 가면서 내 숨겨진 능력을 발견할 수 있었다. 나도 잘하는 것이 있구나 하는 생각이 들자 마음이 설렜다. 고민도, 시도도 해보지 않고 자신을 판단하는 사람들은 자신이 무엇을 잘하는지 아직 모르기 때문이다. 나도 그때 장사 아르바이트를 하지 않았다면 아마 내 능력이나 재능을 찾지 못했을 수도 있다. 일을 열심히 하면서 새로운 것들이 보이기 시작했다. 무슨 일이든 수박 겉핥기 식으로 하면 절대로 보이지 않는다. 집중했다. 건어물 장사를 하면서 나는 새벽 시장에 나가 제일 좋은 것으로 떼어 오고, 매장에 펼치고, 진열한 후 아침부터 저녁까지 소리를 질러 댔다.

아무것도 못한다고 생각했던 내가 뭔가를 하고 있다는 것이 너무 기뻤다. 에너지를 쏟아 내면 더 많은 에너지가 채워졌다. 뭔가를 이루었을 때의 성취감과 기쁨이 나를 변화시켰다. 내 인생의 걱정과 불안감, 불확실한 미래들이 떠나가는 것을 보았다. 그때부터 나는 주어지는 모든 일에 집중했고 일에 미쳤다. 우울했던 어린 시절에 대한 불평이 감사로 바뀌었다. 많은 사람 앞에 당당히 서게 되고 성격이 바뀌고 삶이 바뀌기 시작했다.

"우리는 앞으로 어떻게 성공할지 모릅니다.

고민도, 시도도 해보지 않고 자신을 판단하는 것은

자신이 무엇을 잘하는지 아직 모르기 때문입니다.

나는 열심히 일하면서 새로운 것을 보기 시작했습니다.

장사 아르바이트를 하지 않았더라면

아직까지 내 재능을 못 찾았을지도 모릅니다.

다만 무슨 일이든 수박 겉핥기 식으로 하면 절대 찾을 수 없습니다.

집중하고 또 집중해야 합니다.

아무것도 못한다고 생각했던 내가 뭔가 하고 있다는 것이 너무 기뻤습니다.

에너지를 쏟아 내면 더 많은 에너지가 채워졌지요.

뭔가 이루었을 때의 성취감과 기쁨이 나를 변화시켰습니다."

# 1장

# '아딸'을 시작하기 전,
# 피가 되고 살이 된 사업 경험들

1989년, 스물한 살 때 아버지는 서울에서 교회를 개척하기 위해 가족들을 데리고 상경해 양재동에 자리를 잡았다. 당시 사촌형이 교회 한 켠에 칸막이를 치고 건어물 납품 일을 했다. 나는 다섯 살 위의 사촌형을 도우면서 장사에 입문했다. 내가 맡은 일은 특산품 할인 행사장에서 마른 오징어를 파는 일이었다. 물건을 떼러 간 가락시장에서는 이렇게 말했다.

"백화점에 납품되는 것으로 최고 좋은 걸로 주세요."

건어물 가게 사장은 할인 행사에 쓸 거라는 말에 손을 내저었다. 백화점 납품도 아니고 며칠 장사하고 빠질 거면 이렇게 좋은 물건은 이윤이 남지 않는다는 거였다. 하지만 나는 끈질기게 제일 좋은 물건을 요구했고 건어물 가게 사장도 손을 들었다. 나는 최상품 오징어를 값싸게 내놓고 목청껏 소리를 질렀다. 시세보다 싸게 좋은 상품을 팔기는 그다지 어렵지 않았다. 그렇게 장사에 재미를 들였다. 군대를 다녀와서도 형의 일을 도왔다.

바쁜 형을 대신해 수영장 사장 노릇을 했다. 수영장은 시설, 수질, 서비스에 집중해야 한다. 인테리어부터 새로 보완하고 수영장 물을 싹 갈았다. 강사들에게 돌아가면서 한 명씩 안전요원을 서라고 했지만 호응이 없었다. 월급날 봉투에 현금을 담아서 수영장 강사들을 일렬로 세워 놓고 직접 월급을 손에 쥐여 주었다. 봉투를 건네면서 한 사람 한 사람 일일이 악수를 했다. 내가 월급 주는 사람이라고 각인시킨 것이다. 강사들이 말을 듣기 시작했다. 이후 젊은 강사들이 수영복 차림으로 서 있는 사진이 실린 전단지를 아파트 단지마다 붙였다. 경비실에서 떼라고 야단이었지만 주부들이 알아서 떼 갔다. 700명이던 회원 수가 1,500명으로 늘었다. 아내를 만난 것도 그 시절이다. 아내는 행정 업무를 하던 두 여직원 중에 단연 일을 잘했다. 나는 곧 수영장을 그만두게 되었지만 사업 수완이 있다는 소문이 나면서 사업을 도와달라는 지인들의 부탁이 이어졌다.

## 신명과 감동의 방이시장 과일 장사

교회 집사님 중에 방이시장에서 과일 장사를 하는 분이 있었다. 장사가 어렵다며 도와달라고 해서 가 봤더니 하루에 사과 다섯 상자를 팔고 있었다. 나는 가락시장에서 사과 100상자를 떼 왔다. 오후 5시에서 7시 사이 사람이 가장 많은 시간에 원가보다 더 저렴하게 팔았다. 사람들이 서로 사려고 아우성이었다. 그렇게 50박스를 팔고 난 후, 나머지는 이윤을 남겨서 팔았다. 맛있는 과일을 다른 집보다 싸게 판다는 인식을 심어 놓자 그 뒤부터 손님이 줄을 섰다. 수박은 아예 차떼기로 들였다. 한 차 50만 원에 샀으면 원가인 50만 원만 넘기면 그다음부터는 떨이로 팔았다. 맛 없으면 한 통을 무료로 준다고 다시 오라고 했다. 실제로 수박 반 통을 들고 반품을 요구하러 온 손님이 있었다. "왜 무거운 수박을 들고 오셨어요? 그냥 오시지." 한 통을 들려 보냈다. 사람들 얼굴에 놀라움이 가득했다. 장사에는 이런 신명과 감동이 있어야 한다. 주는 이상 돌아오기 때문이다.

## IMF 중국집 살리기

과일 가게를 하던 교회 집사님이 중국집을 차렸는데 IMF 금융 위기 때 매출이 급감하기 시작했다. 당장 가게가 망하게 생겼다고 좀 와서 도와 달란다. 가서 먹어 보니 맛이 없었다. 전에 있던 주방장을 월급이 많다고 그만두게 하고 B급 주방장을 새로 들였다는 것이다. 배달원도 반으로 줄어 있었고 테이블 세팅도 엉망이었다. 나는 당장 주방장부터 바꿨다. 그만둔 주방장을 찾아가 사정하다시피 매달려 다시 데리고 왔다. 배달하는 아르바이트생들에게는 유니폼을 입게 했다. 머리 염색을 풀고, 귀걸이도 착용하지 않고, 껌을 씹지 않으면 월급을 올려 주겠다고 했더니 다음 날 모두 귀걸이를 빼고 다시 염색하지 않은 머리가 되어 나타났다. 배달을 가면 현관 앞에 그릇을 내려놓지 말고 식탁에 잘 올려놓고 정중하게 인사까지 하라고 교육시켰다. 오디오를 사다가 홀에는 음악이 흐르게 하고, 테이블 열을 맞추고 반듯하게 정리했다. 그리고 새로운 메뉴인 옛날 짜장을 제안했다. 주방장은 옛날 짜장을 못 만들겠다고 했다. 이미 최고의 맛을 내고 있는데 그것보다 더 맛있게 해 달라고 하니까 못하겠단다. 그래서 내가 만들었다. 야채도 크게, 고기도 크게. 전단지를 만들고 플래카드를 써 붙여 광고를 했다. "옛날 짜장 2,500원, 오셔서 드시면 2,000원." 사람들이 와서 먹어 보고 역시 옛날식이라 맛있다고 했다.

당장은 비용 지출이 많아서 사장님은 걱정이 많았다. 직원 월급을 올려 주고 비싼 재료에 광고까지 했으니 비용을 어떻게 감당할지 모르겠다는 것이다. 옆에서 한숨을 푹푹 쉬었고 나는 그럴수록 열심히 전단지를 뿌리고 광고를 했다. 학생들이 오면 양을 곱빼기로 줬다. 그랬더니 소문이 나서 오후에는 학생들로 바글거렸다. 그 학생들이 짜장면을 먹고 돌아갈 때 스티커를 주면 집에 가서 붙여 놓는다. 그렇게 6개월 동안 망해 가던 중국집을 재정비시켰다. 주문 전화가 늘고 텅 빈 홀에 손님이 가득 찼다. 그 사장님이 지금은 아딸 점주가 되었다.

## 폐업 직전의 속셈 학원 살리기

신학대학원에 다니던 시절, 익산에서 속셈 학원을 운영하던 숙모가 학원 문을 닫게 생겼다며 연락을 해 왔다. 숙모의 속셈 학원은 취학 전 아동에게 한글과 숫자 교육을 시키는 학원이었다. 아침에 차량으로 아이들을 데려와서 점심을 먹여 보내는 팀이 있고 오후까지 종일반으로 지내는 아이들도 있었다. 그런데 이제 유치부 아이들이 졸업하고 나면 새로 들어오는 아이들이 없다는 것이었다.

"숙모님은 원장이신데 교육 철학이 뭡니까."

"그런 게 뭐 따로 있나."

"아니 교육 철학도 없이 학원을 운영하셨어요? 대체 학원은 왜 하셨어요?"

"돈 벌려고 했지."

"돈을 벌려고 학원을 운영했으니 망하는 게 당연하네요. 확고한 교육 철학이 있어야 그걸 보고 학생이 찾아오고, 학생이 있어야 돈이 따르는 건데 돈만 생각하고 학원을 차렸으니 망하는 게 당연하죠."

학부모는 학원에 아이를 맡기기 위해 상담을 하러 온다. 이 유치부에 우리 아이를 보낼까 고민을 하고 찾아온 학부모다. 이때 이야기를 잘 해야 한다. 그런데 원장이 교육 철학이 없으니 학부모들과 할 얘기가 없는 거였다. 교재비와 가방 값 얘기하고 나면 더는 할 말이 없다. 학원은 가르치고 배우려고 있는 것이다. 음식점은 맛·청결·서비스를, 옷가게는 멋·품질·서비스·인테리어를, 학원은 교육 프로그램·강사·시설을 준비해야 한다. 그런데 이런 것들이 준비되어 있지 않다면 누가 이 학원을 선택할 것인가. 나는 이것을 뿌리부터 바로잡아야겠다고 마음먹었다.

먼저 시설부터 단장했다. 아이들이 벽에 그림을 마구 그려 놓았다. 그래서 벽지를 새로 발랐다. 볼풀에 미끄럼틀을 연결해 놀이 공간을 만들자고 했다. 사려고 보니 너무 비싸 계단과 울타리는 직접 만들고 미끄럼틀은 샀다. 그렇게 시설을 보완하면서 한편으론 교육 프로그램을 만들었다. 이 속셈 학원은 지덕체를 겸비한 어린이를 육성한다는 것을 모</p>

토로 삼았다. 그리고 이 모든 것을 아우를 교육 프로그램을 만들기 시작했다. 무얼 교육할 건지에 대한 부분은 한글 교육과 숫자 교육으로 구체화했고, 인성 교육은 인사 잘하기, 신발 잘 정리하기, 불우이웃 돕기로 구체화했다. 체험 교육은 한 달에 한 번씩 수영장에 가고 여름에는 별자리 여행, 겨울철에는 썰매장 체험 프로그램을 넣었다. 점심은 3찬 1식으로 식단을 차렸다. 국 하나에 반찬 세 가지. 매일매일 다른 반찬을 내고 밥도 매일 다르게 지었다. 월요일은 수수밥, 화요일은 콩밥, 이런 식으로 금요일까지 매일 바뀐다. 숙모는 밥을 어떻게 매일 다르게 하느냐고 했다. 나는 밥할 때 콩이든 팥이든 한 주먹씩만 넣으면 된다고 얘기했다. 어머니들 입장에서는 이 학원은 다른 학원과 다르게 밥과 국이 매일 다르다는 것이 아이들의 건강을 생각해 주는 느낌이라 만족했다.

한편, 아이들에게 가장 중요한 것은 감성 교육이었다. 그래서 피아노 학원을 차렸다. 2층이 속셈 학원인데 3층을 얻어서 피아노를 들였다. 어려우면 규모를 축소시키는 게 아니라 확대하는 전략을 펴는 것도 위기를 돌파하는 지혜다. 피아노 학원생은 따로 모집했지만 속셈 학원 아이들이 일주일에 한두 번 피아노 교육을 받게 하고 멜로디언과 리코더도 배울 수 있게 했다. 그리고 전문 음악 강사가 가르친다고 광고했다. 이렇게 지덕체를 겸비한 교육 철학을 연간, 월간, 주간, 일일 교육 계획안에 담게 했다. 그리고 이 교육 계획안을 원장에게 달달 외우게 했다. 전화를 받을 때도 원장답게 받도록 하고 옷도 잘 차려입고 원장답게 말하라고 했다. 유아 교육에서 필요한 책도 읽고 교육자의 마인드를 확고

하게 하라고 조언했다.

그 후 원장은 상담을 시작했고 학부모와 한 시간 넘게 얘기해도 대화가 끊어지지 않았다. 전단지를 뿌리니 상담 요청이 들어왔는데, 원장에게 직접 학부모들을 찾아가라고 했다. 주공아파트는 모두 복도식이고 젊은 사람들이 많이 살았다. 이웃끼리 다들 아는 사람들이고 아이들도 고만고만하다. 어떤 엄마가 원장 이야기를 듣다 말고 친구들을 부른다. 아이들 또래 엄마들을 다 부를 수 있다. 그러면 여러 사람을 앉혀 놓고 얘기할 수 있게 된다.

그렇게 해서 한 달이 지났을 때 무려 150명이 등록했다. 피아노 학원까지 있으니까 학생은 더 많았다. 아래층에는 속셈 학원, 위층에는 피아노 학원이 있으니 전문 학원처럼 보이고 부모들은 원스톱으로 다양한 교육을 받게 되는 것에 만족했다. 집중해서 고민하면 어떤 문제도 해결된다는 것을 그때 배웠다.

## 300만 원으로 미용실 인테리어 끝내기

신학대학원을 졸업하고 전도사로 일하던 시절, 미용사였던 교회 지인이 있었다. 가게 없이 출장 파마로 돈을 좀 벌어서 가게를 계약했는데 인테리어할 돈이 부족하다는 것이었다.

"저는 인테리어라고는 해 본 적이 없는데요."

"전에 탁상시계 고장난 거 고치는 거 보니까 인테리어도 할 수 있겠던데."

건전지 납땜이 끊어진 것을 간단한 용접으로 고쳤던 건데 전자과도 나오지 않은 내가 용접을 하는 걸 보고 뭐든 할 수 있겠다고 생각했다는 것이다. 이 일을 어떻게 할까 고민하다가 열흘만 시간을 달라고 하고는 여러 미용실을 찾아다니며 정보를 얻고 사진을 찍었다. 그렇게 일주일 쫓아다녔더니 할 만하다는 생각이 들었다. 바닥재는 을지로에 가서 사다 붙이고 수도를 연결하고 의자와 거울을 사고 페인트도 직접 칠했다. 조명은 생각보다 어렵지 않았다. 구멍을 뚫어서 끼워 넣고 전구만 꽂으면 되었는데 조명 하나로 공간의 분위기가 확 달라졌다. 이 일을 할 때는 이 경험이 나중에 어떻게 쓰일지 전혀 몰랐다. 학교 다니는 것, 공부하는 것, 전도하는 일에 비하면 장사는 그다지 어렵지 않았다. 원칙을 지키면 안 되는 것이 없었다. 이 가게에 찾아오는 사람들이 무얼 기대하는지를 생각해 보면 답은 쉽게 찾을 수 있다. 중요한 것은 사람이다. 사람들이 내 가게에 왜 오는가를 생각하면 된다. 고객에게 무엇을 충족시켜야 할지 확인한 후 전략을 세우면 된다.

## 인생의 가장 큰 행운, 아내

우리 가족은 아버지 어머니와 삼형제가 전부였다. 어머니만 제외하고 모두 남자들만 있어서인지 어려서부터 여동생이 그리웠다. 예쁜 여동생이 하나 있으면 하는 바람으로 여동생을 하나 낳아 달라고 어머니께 졸랐던 기억이 난다. 대학 때는 술, 담배도 하지 않고 그 흔한 연애도 하지 않았다. 그러던 중 아내가 스물두 살, 내가 스물다섯 살 때 사촌형의 수영장 운영을 맡게 되면서 만나게 되었다. 아내가 '오빠'라고 부르던 호칭이 그렇게 좋을 수 없었다. 선배님, 형이란 말만 듣다가 그때 오빠라는 나긋나긋한 말을 처음 들었던 것이다. 여동생에 대한 로망 때문인지, 한눈에 반했던 이유인지 두 달 만에 사랑의 감정이 생겼고, 정신을 잃을 듯한 불같은 사랑을 하게 되었다. 결혼을 결심하고 아버지께 허락을 구했다가 보기 좋게 거절당했다. 그때는 나이도 어렸고 공부를 더 했어야 하는 터라 '너무 어리고 너무 급하다'는 아버지의 반대에 부딪힌 것이다. 그때 나는 아버지께 말했다. "내가 이 뜨겁게 뛰는 심장을 죽을 때까지 가지고 가겠습니다. 그러니 아버지 허락해 주십시오." 아버지는 내 말에 감동을 했는지, 더 말릴 수 없다고 생각했는지 결혼을 허락해 주었다. 지금 돌아봐도 나는 그때가 내가 한 일 중에 가장 잘한 일이었다. 아내를 만난 건 내 인생의 가장 큰 행운을 만난 것과 같기 때문이다. 철없이 목숨처럼 사랑했던 아내가 이제 중년의 나이가 되었지만 아직 순수한 소녀 같은 웃음으로 나를 지지해 준다. 나와 아딸을 버티게 해 주는 강한 정신적 지주다.

# 2장

# 아버지 튀김
# 딸 떡볶이의 역사가 시작되다

신학대학원을 졸업하고 아버지의 교회에서 전임 전도사로 일하던 시절, 위기가 찾아왔다. 개척 교회를 하시던 아버지의 교회 사정이 급격히 나빠진 것이다. 할 수 있는 건 장사뿐이었다. 돈을 벌 수 있는 건 장사밖에 없었다. 하지만 자본금이 없으니 돈이 많이 들지 않는 업종을 찾아야 했다. 고민하던 중 장인어른의 튀김 가게를 떠올렸다. 1972년 경기도 문산 극장 앞에서 시작해 30년을 한 우물만 파 온 장인어른의 튀김은 꽤 유명했다. 나는 장인어른의 튀김에 떡볶이를 가미한 분식집을 하기로 마음먹었다. 마침 장인어른은 튀김 가게를 정리해 여생을 보내실 생각이었다. 장인어른에게 계획을 말하니 장인어른은 달가워하지 않았다. 그 어려운 장사를 왜 하려고 하느냐는 것이다. 하지만 나도 절박했으니 물러설 수가 없어 진심을 다해 설득했고 결국 장인어른도 마음을 돌렸다.

그 길로 가게 자리를 물색하러 다녔다. 친지에게 빌린 돈으로 신금호역 3번 출구에 여덟 평짜리 가게를 얻었다. 그리고 중앙시장에서 장사에 필요한 집기들을 구입했다. 아내와 함께 직접 벽지를 붙이고 가게를 꾸몄다. 간판 만들 돈이 없어서 원래 간판의 '자유시간 호프'에서 '호프' 자만 떼어 냈다. 장인어른의 튀김과 떡볶이를 기본으로 순대, 어묵, 탕수육을 더해 다섯 가지 메뉴를 확정했다. 김밥 등 다른 메뉴도 하고 싶었지만 근처에 있는 김밥집 주인이 김밥은 절대로 안 된다고 신신당부를 했던 터라 팔 수가 없었다. 아버지 튀김, 딸 떡볶이의 역사가 시작된 것이다.

장인어른의 30년 노하우는 간단했다. 크기가 다른 스테인리스 밥그릇 두 개.

"이 그릇들을 절대로 잃어버려선 안 된다. 이걸 잃어버리면 노하우를 잃어버리는 거야."

장인어른은 '두 번 반'의 노하우를 진지하게 알려 주었다. 밀가루와 전분을 섞을 때 밥그릇으로 두 번 반을 섞으라는 것이다. 계량컵과 저울이 없던 시절부터 이 두 개의 그릇만으로 늘 똑같은 맛을 유지해 온 장인어른만의 비법이었다.

장인어른의 밥그릇 두 개는 늘 같은 맛을 내기 위한 노력의 산물이었다. 여기서 나는 재료를 정량화해야겠다는 생각을 했다. 다음 날 나는 계량컵과 계량스푼, 저울을 구입해 장인어른식 '두 번 반'의 정확한 양을 측정해 기록했다. 또 아내의 떡볶이 레시피에도 이를 적용했다. 물엿, 고추장, 고춧가루, 마늘 등의 배합을 조금씩 다르게 해 보면서 최적의 맛을 찾아갔다. 일일이 기록하면서 정리해 매뉴얼로 만들어 나갔다.

## 스튜어디스 아줌마가 만드는 떡볶이

'자유시간' 분식집은 특별한 홍보가 없어서인지 초반에는 고전했다. 떡볶이 소스에 아무리 좋은 재료를 쓰더라도 눈으로 볼 때는 크게 차이가 나지 않았다. 지금도 싼 가격을 더 내릴 수도 없었다. 30년 노하우의 장인어른표 튀김도 먹어 보기 전에는 알 수 없기는 마찬가지였다. 나는 차별화 전략을 써야겠다고 생각했다. 먼저 청결을 강조했다. 장인어른과 아내에게 유니폼을 입게 했다. 떡볶이와 튀김이지만 제대로 만든 요리라는 느낌을 주기 위해서다. 유니폼 효과는 상당했다, 오색 머플러를 목에 두른 아내의 유니폼은 스튜어디스를 연상케 했다. 이 유니폼 덕분에 '스튜어디스 아줌마가 만드는 떡볶이'라는 소문이 나기 시작했다.

그런데 맛은 어떻게 강조할까. 맛은 먹어 보기 전에는 알 수 없는 것이다. 그래서 어묵으로 시작했다. 가게 앞에 커다란 어묵 통을 놓고 어묵을 수백 개씩 넣고 끓였다. 겨울로 접어들고 있어서 사람들의 발길을 사로잡는 데 주효했다. 퍼지기 직전의 어묵은 근처 초등학생들에게 나눠 줬다.

"얘들아, 이리 와 봐. 아저씨가 어묵 줄게."

"공짜로요?"

"응, 오늘이 아저씨 생일이거든."

생일이라는 말에 아이들은 어묵을 받아 들었다. 다음 날은 아내의 생일, 그다음 날은 장인어른 생신이 되었고, 그러면서 아이들과 친해졌다. 그렇게 얼마의 시간이 지나자 손님들이 늘기 시작했다. 어묵을 먹으면 떡볶이와 튀김을 맛보기용으로 서비스했다. 어묵을 찍어 먹는 간장을 덜어 먹을 수 있도록 개인용 간장 종지를 마련해 청결을 유지했다.

그즈음 텔레비전에서 동물성 기름은 불포화지방산이 많아 동맥경화증을 유발한다는 이야기가 흘러나오기 시작했다. 튀김을 만들 때 사용하는 쇼트닝이 문제였다. 돼지기름의 대용품인 쇼트닝은 반고체 상태의 기름으로 튀김이나 빈대떡을 만드는 데 사용하지만 건강상 꺼리는 식재료다. 나는 튀김에 웰빙을 접목시켜 볼 수 없을까 고민했다. 식물성 기름을 사용한다는 것만으로는 부족하게 느껴졌다. 그때 허브가 떠올랐다. 허브에 대한 사람들의 관심도 높고, 초록색 허브잎은 튀김과 궁합이 잘 맞았다. 그렇게 해서 국내 최초의 허브 튀김이 만들어졌다.

고소한 맛을 내는 쇼트닝을 대신해 식물성 기름을 사용하는 일에도 심혈을 기울였다. 시중에 나와 있는 모든 종류의 식물성 기름을 구입해다 튀겨 보았다. 식물성 기름으로도 바삭하고 고소한 튀김 맛을 만들어 내기 위해 여러 가지를 배합해 봤다. 서로 다른 식물성 기름을 섞어 보고 반죽을 달리해 보는 등 수많은 실험을 거듭했다. 6개월여 만에 콩기름, 옥수수기름, 채종유의 배합 비율을 찾아낼 수 있었다.

건강에 좋은 식물성 기름으로 허브잎을 가미해 튀긴 바삭한 웰빙 튀김의 반응은 뜨거웠다. 기름진 음식을 꺼리는 젊은 여성들도 좋아했다. 이후 우리 '자유시간' 분식집은 날로 유명해졌고 하루 매출 120만 원의 대박 분식집이 되었다.

### 엄마들에게 더 인기를 끌다

마케팅 중 '기억의 법칙'이 있다. 시장에서 최초가 아니라, 소비자들의 기억 속에서 최초가 되어야 한다는 것이다. 시장에 최초로 들어가는 게 중요한 게 아니라 소비자들에게 어떤 제품에 대해서 최초의 기억을 심어 주어야 한다는 것이다. 떡볶이 장사를 하면서 맛과 청결, 그리고 서비스를 접목해 시도한 모든 따스한 실천들이 고객에게 최초의 기억이 되었던 것 같다.

떡볶이와 튀김은 아이들이 가장 좋아하는 간식이기도 하지만 엄마들이 더 좋아하는 음식이다. 요즘 젊은 엄마들은 누구나 떡볶이에 대한 추억이 있다. 나는 처음 '자유시간'을 열었을 때 김춘수의 「꽃」을 떠올렸다. "내가 그의 이름을 불러 주었을 때 그는 나에게로 와서 꽃이 되었다." 아이들의 이름을 외우자! 그 아이들이 나에게 의미가 되도록. 그리고 최선을 다해 청결과 서비스, 그리고 맛에 신경을 썼다. 드디어 어느 날 한 아이의 엄마가 찾아왔다. 아이가 항상 말하던, 이름을 불러 준다던 떡볶이 집에 함께 방문한 것이었다. 처음에 엄마는 그 떡볶이 집을 가지 말라고 타일렀단다. 무슨 이유로 어묵을 공짜로 주느냐며 얼마나 나쁜 음식이길래 공짜로 돌리는 거냐며. 하지만 가게에 들어서면서 그 아이 엄마의 표정은 밝아졌다.

"생각한 것보다 너무 깨끗하네요. 우리 아이가 공짜로 먹지 않도록 돈을 맡겨 놓을게요."

그 이후 그 엄마는 아이보다 더 자주 우리 가게를 찾았다. 뿐만 아니라 엄마들의 모임 장소가 되었다. 게다가 가게가 있는 신금호역 근처에는 봉제 공장에서 일하는 사람들이 많았다. 하나둘 단골이 늘어나자 '자유시간' 분식집은 회식 장소가 되었고 어느새 아이들의 코인 머니가 아니라 직장인들의 뭉칫돈이 들어오기 시작했다. 따스한 기억으로서의 떡볶이가 청결하고 건강에 좋은 떡볶이로 고객에게 각인된 것이었다. 따뜻한 가슴으로 다가간 후, 전문가의 손길로 대응하니 결과가 좋았다. 그때 나는 떡볶이로도 매출이 큰 규모의 기업을 만들 수 있다는 자신감을 얻었다.

# 3장

# 프랜차이즈계의 최초 스토리텔러, '아딸'의 첫인사

2002년 1월의 어느 날, 가게로 전화가 한 통 걸려 왔다. 방송국인데 아버지가 튀김을 만들고 딸이 떡볶이를 만들어 2대째 이어져 오는 분식집이라는 소재로 방송을 하고 싶다는 것이다. 이미 가게에 와서 떡볶이를 먹어 봤고 내부 회의도 끝난 상황이라고 했다. 나는 흔쾌히 승낙했다. SBS 리얼코리아 「그곳에 가면」이라는 코너였다. 그리고 2월 1일, 우리 가게 이야기가 텔레비전에 소개되었다. 방송의 힘은 실로 놀라웠다. 동네에서야 맛과 서비스로 인정을 받았지만 방송을 보고 일부러 찾아오는 사람들로 매출이 부쩍 늘었다. 며칠 후 신촌에서 가게를 하던 5촌 당고모님이 나를 호출했다.

"방송 잘 봤네. 우리 가게에서 동업을 하면 어떨까?"

35평쯤 되는 넓은 공간이지만 반지하였고, 신촌이긴 하지만 인근 대학과는 상당한 거리가 있는 입지 조건에다가 근처에 오래된 떡볶이 가게가 여러 개 있었다. 일주일 정도 고민한 뒤 동업을 결심했다. 그때 나에겐 떡볶이 프랜차이즈를 만들고 싶은 꿈이 있었다. 하지만 당시로선 작은 분식집 하나로 프랜차이즈 사업을 하는 건 무리였고, 가게를 얻을 자금이 있는 것도 아니어서 고모님의 제안을 좋은 기회로 받아들였다.

우선 금호동 가게를 정리하고 친지들에게 약간의 융통을 얻어 인테리어 비용을 마련했다. 새 가게는 패스트푸드점처럼 꾸밀 생각이었다. 테이블 쪽을 바라볼 수 있게 카운터를 놓고 그 뒤에 주방을 만들었다. 고객이 주문을 하면서 주방 쪽을 볼 수 있게 만든 것은 청결함을 강조하기 위한 것이었다.

공사가 진행되는 동안 건물 밖에는 플래카드를 걸어 놓았다. 방송 소재가 된 '아버지 튀김, 딸 떡볶이'라고 크게 쓰고 간략한 스토리도 덧붙였다. 근처 부동산에서는 우려를 내비치곤 했다. 이렇게 큰 매장에 떡볶이라니 월세나 제대로 내겠느냐는 것이다. 많은 걱정 속에 공사가 마무리되고 오픈이 다가왔다. 그날 밤 이 많은 테이블을 다 채울 수 있을까 하는 생각에 눈물이 왈칵 쏟아졌지만 동시에 가슴은 뜨겁게 벅차올랐다.

2002년 4월 3일, '아버지 튀김 딸 떡볶이'가 그렇게 세상에 첫인사를 했다. 주변의 우려와는 달리 첫날부터 가게 앞에 손님들이 길게 줄을 섰다. 오다가다 플래카드를 본 사람들이 은근히 오픈을 기다린 것이다. 대학과는 거리가 있지만 유동 인구가 많은 곳이라 상권도 나쁘지 않았다. 한번 찾아온 손님은 꾸준히 가게를 찾아왔다. 맛과 청결, 그리고 서비스 어느 하나 소홀한 것이 없었기 때문이다. 대학생들에게도 입소문이 나면서 학교 홈페이지에 맛집으로 등록되기도 했다. 고객의 선택에 의해 운명이 결정되는 기업이라면 고객에게 이야깃거리를 제공해야 한다. 고객이 자신의 생각을 표현할 수 있도록 적절한 방법을 마련해 주어야 한다. 아딸은 아버지 튀김과 딸이 떡볶이를 만드는 시간과 정성을 스토리로 만들었다. 이 이야기에 만족한 고객은 아딸 이대점의 자산이 되었다.

## 혹독한 실패를 딛고

이대점의 일 평균 매출이 180여 만 원, 장사가 너무 잘되었다. 프랜차이즈 사업으로 키우고 싶은 계획이 있었지만 가게가 너무 북적거려 가맹점주가 온다고 해도 교육시킬 여력이 없었다. 체인점 가맹 업무를 위한 본사가 시급하게 느껴졌다. 나는 동업 지분을 고모님의 지인 분에게 넘기고 내가 투자했던 돈을 받아 들었다. 가게 자리를 찾으러 다니다가 둔촌동 대단지 아파트 앞 상가 2층의 80평짜리 점포를 발견했다. 유동 인구가 2만 명이라고 했다. 근처에 할인 서점이 있고 한국체육대학이 있었다. 체대 학생들이 떡볶이를 먹으면 10인분씩은 먹을 거라는 말도 있었다. 2층이라는 점이 마음에 걸렸지만 반지하에서도 성공한 걸 되돌아보며 자신을 다독였다. 상가 2층 80평대 가게가 그렇게 시작되었다. 보증금에 인테리어까지 1억 5000만 원 정도가 들었다. 내가 갖고 있던 전 재산을 투자한 셈이었다. 80평 중 20평을 주방으로 꾸몄다. 예비 점주들의 교육을 위한 공간이 필요했기 때문이다. 그런데 정작 우리 가족이 머물 곳이 없었다. 주방 뒤쪽에 한 평짜리 창고를 부부 방으로 썼다. 아이들 방은 3층으로 올라가는 계단을 스티로폼으로 막아 만들었다. 가슴이 아팠지만 희망이 넘쳤다. 하지만 장사는 생각과 달리 지지부진했다. 분

식은 메뉴의 단가가 낮아서 포장 손님이 많아야 이익인데 2층까지 올라와 포장해 가는 손님은 거의 없었다. 2층이라 눈에 잘 띄지 않아 와 본 사람만 알음알음 오는 정도였다.

이 상황을 어떻게 타개할까 고민하다가 온갖 메뉴를 다 시작했다. 김밥, 우동, 돈까스까지 60여 가지 메뉴를 개발했고 배달도 했다. 그러나 매출은 오르지 않았다. 냉혹한 현실을 혹독하게 체험했다. 명확히 어려운 현실을 겪다 보니 '아딸'을 접어야 할지도 모른다는 생각도 들었다. 80평 매장에서 하루에 80여 만 원 매출이 발생했다. 월세 350만 원에 인건비, 각종 세금, 부모님 생활비에 교회 운영 자금까지 보태야 하는 상황이었으니 부담이 컸다. 반면 신촌에 있던 고모님의 아딸 이대점은 장사가 계속 잘됐다. 장인어른과 처남이 하던 아딸 문산점도 장사가 잘됐다. 장인어른이 30여 년 튀김집을 해 온 곳이어서 자릿값을 톡톡히 봤다. 가맹점 문의가 종종 들어왔지만 거절했다. 대학가나 로데오 거리 등 젊은 층의 유동이 많은 곳의 30평 이상 매장이라는 조건이 충족되어야만 가맹점을 내준다는 원칙 때문이었다. 기존의 허름한 이미지가 아니라 패스트푸드점 같은 깔끔한 이미지를 주지 않는다면 절대 성공할 수 없다고 생각했다. 하지만 떡볶이 장사를 하려는 사람들은 대체로 형편이 넉넉지 못했고 그들에게 번화가의 30평대 매장은 꿈도 꾸지 못할 일이었다. 가맹점도 늘어나지 않고, 본점의 매출도 오르지 않아 결국 2005년 5월 아딸 둔촌동 본점은 문을 닫아야만 했다. 시설비와 권리금, 보증금을 한 푼도 못 건졌다. 전 재산을 삼키고 빚만 남긴 채였다.

## 작은 것에 충성하라

여러 장사를 해 봤지만 이런 실패는 처음이었다. 매일 눈물로 기도하며 다섯 달 정도를 보냈다. 앞으로 무슨 일을 해야 할지 암담했다. 아딸을 계속 이어 나가야 하나 갈등에 휩싸였다. 미래를 알 수 없었기에 고민만 더해 갔다. 그때 전화가 한통 걸려 왔다. 상일동에서 그릇 장사를 한다는 여자분이었다.

"혹시 아딸의 분식 재료를 좀 납품받을 수 있을까요."

8년 동안 그릇 장사를 했지만 망해서 요식업으로 업종을 바꾸려던 참이라는 것이다. 나는 가게가 몇 평인지부터 물어보았다. 그분의 가게는 여덟 평. 예전 같으면 이렇게 말하고 끊었을 것이다.

"죄송한데 저희는 대학가 쪽으로, 30평 이상만 내려고 합니다."

하지만 그릇 장사를 하다 망했다는 그분의 말에 마음이 움직였다. 나도 망했기 때문이다.

"이대점에 가 봤더니 음식도 맛있고 깨끗하더라고요, 이대로 무너지면 아무것도 남는 게 없어요. 떡볶이 장사를 하면 살겠는데…… 한번 와 주시면 안 돼요?"

가 봤더니 정말 아무것도 없었다. 그릇도 없고 인테리어라고는 되어 있지 않았다. 게다가 수중에 돈도 없었다. 하지만 도와줘야겠다는 생각이 들었다. 페인트칠을 하고 수도 연결 등 모든 공사를 직접 했다. 그러면서 문득 2000년에 금호동에서 '자유시간' 분식을 하던 때를 떠올렸다. 떡볶이, 튀김, 순대, 어묵, 탕수육, 이 다섯 가지만 팔았다. 동네로 들어가는 길목에 자리한 여덟 평 작은 가게에서 장인어른의 튀김과 아내의 떡볶이가 주메뉴였던 그때가 생각났다. 2002년에 고모님의 이대점에는 김밥, 우동, 돈가스, 샐러드 등의 메뉴가 있었지만 대학가의 35평 가게였기 때문에 운영이 됐다. 둔촌동에서는 60여 개 메뉴로 늘어났고 실패했다. 주택가에서는 메뉴가 다양한 것이 도움이 되지 않았던 것이다. 이 점을 상일점 오픈을 준비하면서 깨달았다. "아, 내가 자유시간에서 성공한 이유가 이것이었구나." 작은 평수에 간단한 메뉴, 포장 위주 매출이 성공 요인이었던 것이다. 상일동에서 걸려 온 전화 한 통화로 내가 익혔던 노하우를 중간에 다 잊어버렸다는 것을 깨달았던 것이다. 상일점을 오픈하자 대박이 났다. 매출이 점점 올랐다. 한 달에 700~800만 원의 순수익을 거둘 정도였다. 그렇게 성공을 거두자 절로 홍보가 되어 '아딸' 체인점 가맹 상담이 줄을 잇기 시작했다.

## 입소문의 힘

상일점을 눈물로 오픈하고 장사가 잘되자 전화가 계속 왔다. 상담 전화가 너무 많이 걸려 와서 핸드폰으로 착신해 놓고 상권 조사를 다녔다. 가맹점을 모집한다는 광고를 하지도 않았고 본점도 문을 닫았는데 가맹 문의가 끝도 없이 밀려왔다. 모두 상일점 점주의 소개를 받은 사람들이었다. 직접 경험한 점주의 이야기는 어떤 광고보다 효과적이었다. 그렇게 생겨나기 시작한 가맹점은 두 개가 네 개가 되고 네 개가 다시 여덟 개가 되었다. 10호 점을 순식간에 넘어섰다. 가맹점 점주들이 다시 가족, 친척, 친구 들에게 소개한 것이다.

입소문은 쉽게 만들어지는 것이 아니다. 또한 어느 순간 잦아들게 할 수도 없을 정도로 강력한 힘이 있다. 브랜드를 확장하는 데 더없이 좋은 기능을 갖고 있다. 한 사람 고객의 힘은 대단하다. 그 사람이 속해 있는 모든 조직에 영향력을 미치게 된다. 최근 기업들은 앞다투어 빅마우스의 온오프 라인 활동을 장려하기도 하지만 제품에 대한 신뢰가 동반하지 않는다면 그다지 효과적이지 않다. 상일점 점주가 주변 사람들과 나누는 대화의 핵심에는 열정과 실제 사례가 담겨 있었다. 경험을 통해 거둔 실제 사례에는 엄청난 에너지가 있다.

2006년까지는 직원 없이 우리 가족만으로 모든 일을 다했다. 상권 의뢰가 오면 자동차 내비게이션으로 그 지역을 샅샅이 살폈다. 사무실이 없어서 차 안에서 무선 인터넷으로 컴퓨터를 했다. 움직이는 사무실이나 마찬가지였다. 그때는 체인점 계약 문의가 들어오면 '아딸' 이대점을 보여 주고 동생이 운영하고 있던, '프리미엄 아딸' 매장인 '허브, 감탄' 신촌점에서 계약서를 썼다. 그렇게 계약이 성사되면 내가 직접 인테리어를 맡았다. 오픈 날짜가 정해지면 그때부터 아내가 가서 아침부터 저녁까지 일일이 가르쳐 가면서 가게를 세우는 작업을 했다. 교육장이 따로 없었다. 직접 장사를 같이 하면서 일일이 가르쳐 주었다. 새벽 2시까지 마감을 하고 청소하는 것까지 가르쳤다. 일주일에서 열흘까지 함께 지내며 음식 만드는 법, 장사하는 법을 다 전수했다. 그렇게 가맹점 숫자를 땀으로 노력으로 하나둘 늘려 갔다. 60개 체인점이 생길 때까지 직원이 없었다. 아버지, 어머니가 튀김 가루와 떡볶이 소스를 만들었고 아내는 교육을 하고, 나는 낮에는 상담과 상권 조사를, 저녁에는 배달을 다녔다.

# 4장

# 절대로 실패해서는
# 안 되는 도전, 창업

가맹점이 빠르게 늘어 70개가 넘어설 무렵이던 2006년 오금동 사무실을 마련했다. 사무실에는 우선 예비 창업자들을 위한 시스템부터 구축했다. 창업 설명회부터 상권 분석, 교육, 실전 창업까지 단계별 시스템을 갖췄다. 문의 전화를 담당하는 직원에게는 오는 전화만 받으라고 당부했다. 한 번 문의 전화가 오면 몇 번이고 전화를 다시 걸어 계약을 이끌어 내는 대부분의 프랜차이즈 본사와는 확연히 달랐다. 창업에 열정이 있는 사람만 이끌겠다는 나름의 기준이었다. 일일이 개인 상담을 할 수 없어 창업 설명회를 열게 되었는데 이때도 50명만 참여할 수 있게 했다. 창업 설명회는 짧게는 여섯 시간에서 길게는 열한 시간까지 이어지는 강행군이다. 쉬는 시간 없이 진행하지만 도중에 자리를 뜨는 사람도 별로 없었다.

창업 설명회 내내 아딸 이야기는 꺼내지 않는다. 오히려 찬물을 끼얹는 말만 골라서 한다. 어떻게 하면 성공하느냐가 아니라 왜 실패하는가를 이야기한다. 용기를 주기보다는 엄격한 잣대를 제시한다. 창업 설명회장을 빠져나가는 사람들의 얼굴에는 근심이 한가득이다. 밤새 고민하고 또 고민해서 다음 날 다시 찾아오는 사람들의 각오와 열정은 남다르다. 바로 이것을 노렸다. 창업의 어려움과 실패 요인을 잔뜩 듣고도 계약을 하러 오는 사람들에게 건네지는 건 두꺼운 교재다. 재료를 다듬는 방법부터 보관법까지 자세히 설명되어 있다. 이를 숙지해 시험을 치르게 한다. 90점을 넘어야 다음 단계로 넘어갈 수 있다. '아딸' 가맹점 계약을 하려면 가게 자리도 직접 찾아와야 한다. 본사에서 상권을 찾아 주지 않는다. 점주가 직접 발로 뛰어 찾아와야 한다. 이렇게 예비 창업자들에게 직접 발 벗고 뛰게 하는 것은 창업자가 기본적으로 갖춰야 할 상권 보는 안목을 높여 주기 위한 것이다. 물론 점주가 알아본 가게 자리를 상권 조사팀이 철저히 분석해 검증하지만 점주가 직접 발로 뛰게 하는 것은 그로 인해 애정이 생기고 그 애정이 열정을 북돋아 성공에 다가가게 하는 원동력이 된다고 믿기 때문이다. 계약을 하기 전 예비 창업자들은 서약서에 사인을 해야 한다. 직영점에서 실전 교육을 받고도 시험을 통과하지 못하면 연장 교육을 받겠다는 서약서다. 일주일간 진행되는 실전 교육을 통과하지 못하면 끝없는 연장 교육이 이어진다. 이 모든 과정을 거쳐 계약을 하고 가맹점을 오픈한 후에는 담당 슈퍼바이저가 지속적으로 방문해 맛, 청결, 서비스를 지속적으로 관리한다. 문제가 있으면 다시 재교육을 받아야 한다. 이렇게 까다로운 과정을 거쳐 탄생한 가맹점은 2007년 100호 점을 돌파했다. 매년 100퍼센트가 넘는 성장을 해 왔으며 2012년 말 현재 가맹 1,000호 점 돌파를 앞두고 있다. 또한 중국 진출에도 성공해 한국의 맛을 세계로 알리고 있다.

다른 업종도 그렇지만 요식업도 폐점률이 높은 편이다. 7~8년 전에는 찜닭이 전국적으로 확산되어 순식간에 수천 개 업소가 생겨나더니 지금은 거의 자취를 감추었다. 호떡, 불닭, 돈까스, 생과일주스, 캘리포니아롤, 왕냉면 등 전국적으로 붐을 일으키던 체인점들이 왜 순식간에 일어났다가 사라질까. 창업하는 분들의 목적은 성공이다. 망하기 위해 창업하는 사람은 없다. 그런데도 결과적으로는 거의 다 사라지고 남은 것은 극소수다. 준비가 되어 있지 않다면 창업하지 말라는 말에 어떤 분은 '정말 어려운 것이구나, 신중해야겠다, 직장 생활을 좀 더 해야겠다.'고 생각하고 돌아간다. 반면 선택한 사람이라면 반드시 성공해야 한다고 강조한다. 인생에서 창업 자금을 쓸 수 있는 기회가 몇 번 되지 않기 때문이다. 딱 한 번의 퇴직금으로 시도하는 것이 창업이기 때문이다. 그러므로 창업은 절대로 실패해서는 안 되는 도전이다.

▲ 2012년 3월. 아딸 베이징 2호 점 왕징점 오픈식. 샤오량 총무, 웨이웨이 주임, 표성철 사원, 이경수 대표, 이현경 이사, 이준수 이사, 왕찡웨이 주방 주임, 박현우 베이징 팀장, 장현우 사원.

▲ ▲ 2011년 7월. 아딸 베이징 1호 점 우다우커우점 오픈식. 앞줄에 웨이웨이 주임, 박현우 베이징 팀장, 이현경 이사, 이경수 대표, 량 주방 주임이 힘찬 결의를 다지고 있다. 이준수 이사는 사진 촬영을 했다. 베이징 1호 점은 시장 조사, 메뉴 구성, 인테리어 컨셉트, 직원 교육을 위해서 2년 정도 시간이 필요했다.

▲ 아딸 베이징 1호 점 오픈 기념식. 모든 직원, 관계자와 함께.

▲ ▲ 베이징 1호 점의 내부 전경.

# 5장

# 작지만 위대한 협력

성공에 대해 연구하는 사람들에게 '협력'은 위대한 결과를 낳기 위한 가장 중요한 요건으로 꼽힌다. '협력'은 단순히 합의하거나 타협하는 것이 아닌 문제 해결을 위한 사려 깊은 집중이라 할 수 있다. 서로 다른 관점이 있으므로 갈등이 있기 마련이지만 '협력'의 힘을 깨닫고 그것을 추진하여 사업에 적용시키면 성공에 쉽게 다다를 수 있다. 한 사람의 지식은 두 사람과 세 사람의 지식을 합한 것보다는 편협하고 얄팍할 수밖에 없다. '아딸'은 각기 가진 재능을 모아 새로운 것을 만들어 내는 방법을 일찍이 알고 있었다.

## 보이지 않는 곳을 더 신경 쓰는 인테리어 파트

'아딸' 초창기에는 가맹주들이 풀옵션 인테리어를 하지 못했다. 인테리어업체에 문의해 보니 비용이 너무 많이 들었다. 다들 부족한 돈으로 떡볶이 장사를 하려 했던 사람들이기 때문에 최소한의 인테리어를 할 수밖에 없었다. 기존에 있던 설비를 놔둔 채 몇 군데만 수정하는 것이다. 기존의 인테리어업체들 입장에서는 평당 비용을 받아야 하는데 이런 공사는 그럴 수가 없으니 매력이 없다. 하지만 그러면서도 여러 가지 기술을 요하는 공사다. 목수와 간판, 설비 기술자가 필요한데 이들을 따로 섭외해서 일을 진행하자니 너무 힘들었다. 업무가 점점 복잡해지다 보니 인테리어 분야에 사장을 따로 세워야겠다는 생각이 들었다.

오금점을 오픈하던 날 늦게까지 마감을 돕고 있는데, 가게 뒤편에서 누군가 창고를 만들고 있었다. 새벽 1시가 넘은 시각이었다. 점주가 자신의 지인을 불러다 시킨 것인데 그 늦은 시각까지 망치질을 하고 있었다. 그분을 불러서 누구시냐고 물었다. 같은 교회를 다니는 사람인데 목수 일을 좀 할 줄 알아서 도와주고 있다는 것이다. 나는 그에게 대뜸 말했다. 나와 같이 갈 수 있겠느냐고. 그렇게 해서 그는 아딸의 인테리어 전담 업체 사장이 되었다.

## 비가 오나 눈이 오나 한결같은 유통 파트

체인점이 여기저기 우후죽순으로 생겨나면서 납품하는 데 문제가 생겼다. 중부시장에 있는 납품업체를 이용하고 있었는데 어느 날 그 업체가 노선이 없다며 지방에 내려갈 수 없다고 했다. 당시 아딸에 순대를 납품하겠다고 자꾸 전화를 걸어 오는 사람이 있었다. 만나 보니 순대 공장 사장도 아니었고 순대를 납품만 하는 업체였다. 혼자 소형 승합차 하나로 집집마다 다니면서 납품을 하고 있었다. 내가 물었다.

"제가 전국에 떡볶이 체인점을 천 개 만들 겁니다. 여기저기에 들쑥날쑥 생기고 있는데 사장님이 납품을 하실 수 있겠습니까? 강원도에 체인점이 생기면 거기도 가야 합니다. 아딸 점주님들은 무슨 일이 생겨도 장사를 해야 하니까 밤을 새워서라도 가야 합니다."

그는 하겠다고 했다. 나와 동갑인 그는 내가 꾸는 꿈을 같이 꾸겠다고 했다. 그래서 같이 하게 되었고 소형 승합차 한 대로 시작한 회사는 지금 트럭만 40대인 유통 회사가 되었다. 처음에는 기름값에 인건비가 많이 들어서 힘들었지만 지금은 거점이 세 군데, 유통 창고가 세 군데, 자동차도 40대가 넘고 직원도 수십 명이다. 그는 전국에 있는 아딸 체인점에 납품을 담당하는 유통 회사 사장이 되어 있다.

## 미래를 담보로 투자하는 디자인 파트

《뚝배기》라는 요식업 관련 잡지에 기고하던 필자 중에 인테리어 디자인회사 RTM의 최 이사라는 분이 있었다. 「신장개업」이라는 방송 프로그램을 진행한 회사가 바로 이 회사다. 장사 안 되는 가게를 깨끗하게 꾸며 주고 재오픈 행사를 해 주었다. 그분은 사람들에게 보여지는 것이 얼마나 중요한가에 대해 글을 많이 썼다. 글과 함께 사진이 나온 것을 보면서 언젠가 이분하고 함께했으면 좋겠다는 희망을 품었다. 돈을 좀 벌어서 체인점 간판을 만들게 되면 여기에 디자인을 맡겨 보고 싶었다. 그래서 그분의 얼굴을 기억하고 있었다.

상일점 인테리어 공사를 하고 있을 때였다. 페인트칠을 하다가 떡볶이 판을 사러 중앙시장으로 가는 중에 '스피드 메뉴판'이라는 가게가 눈에 띄었다. 음식점 메뉴판을 만들어 주는 RTM의 출장소였다. 음식 사진도 찍어 주고 판매도 하는 그 가게를 마침 아내가 들어갔다가 나를 불렀다. 아내가 부르는 소리에 들어가 보니 마침 그 가게에 최 이사가 와 있었던 것이다. 내가 잡지에서 봤던 바로 그분이었다.

"RTM의 최 이사님 아니세요? 꼭 한 번 뵙고 싶었습니다."

잡지에 쓴 글과 거기 나온 사진을 기억하고 알아본다는 사실에 최 이사는 무척 기뻐했다. 우리는 앉아서 몇 시간이나 이야기를 했다. '아버지 튀김 딸 떡볶이' 본점이 망하고 지금은 8평짜리를 만들고 있다고, 앞으로 이런 가게를 1,000개를 만들 거라고 했다. 그는 내가 얘기하는 모습을 보면서 그 꿈을 이루고도 남겠다고 생각했다고 한다. 그는 '아버지 튀김 딸 떡볶이'의 디자인을 도맡아 하겠다고 했다. 그렇게 해서 그는 우리에게 과감하게 투자했다. 음식 사진뿐 아니라 로고, 홈페이지도 새로 만들었다. 지금 쓰고 있는 메뉴 사진들이 그때 찍은 것들이다. '아버지 튀김 딸 떡볶이'라는 이름의 첫 글자를 딴 새로운 이름 '아딸'도 '한국인의 평생 별미'라는 캐치프레이즈도 그때 잡았고 아딸의 로고와 그림도 그때 작업했다. 상일점 인테리어가 이미 진행되는 상황이었기 때문에 순식간에 만들어야 했다. 그렇게 간판을 내걸었는데 정말 대기업 프랜차이즈 같은 느낌이 났다. 그때는 체인점이 몇 개 없을 때였는데도 사람들에게 좋은 인상을 남기며 각인되었다.

음식 사진과 디자인으로 최고였던 RTM을 만나 좋은 파트너가 된 것은 내게 큰 행운이었다. 지금은 RTM이란 회사는 없어졌지만, 그 직원 가운데 우리를 담당했던 팀장님이 독립해, 지금도 '아딸' 디자인 일을 맡고 있다. 게다가 가맹점도 오픈해 점주로도 우리와 함께하고 있다.

가까이 있는 분들이 가맹점주가 되는 것이 참 기쁘다. 겪어 보니 나쁜 놈이더라가 아니라 겪어 보니 내가 해도 좋겠다고 생각하는 것이니 감사하다. 그런 분들이 함께해 주신 것 때문에 '아딸'이 이만큼 성장했다.

# 6장

# 프랜차이즈 '아딸'의 가치관과 비전

요즘 프랜차이즈의 허와 실에 대한 논란이 뜨겁다. 가맹점의 경쟁이 치열하다 보니 주변에서 우려와 걱정을 많이 하는 것이 당연하게 들린다. 요즘은 청결과 맛, 서비스에서 평균 이하일 뿐 아니라 시스템이나 점주에 대한 이해도 부족한 브랜드가 많다. 이뿐 아니다. 그럴 듯한 브랜드를 만들어 놓고 가맹점을 모집하고 수개월이 지나면 본사가 없어지는 경우도 많다. 또 가맹료만 받고 그 이후는 나 몰라라 하는 경우도 비일비재하다. 우리는 우후죽순 생겨나는 브랜드를 연구하면서 패턴을 읽고 있다. 소비자의 건강을 생각하는가, 점주의 이익을 배려하는가, 본사와 점주가 하나의 공동체 의식이 있는가를 꼼꼼히 살핀다. 그리고 매번 지피지기한다.

그런데 한 가지 편견이 문제다. '아딸'이 골목 상권이나 포장마차를 죽인다는 얘기다. 그런데 길거리 음식을 한 번 생각해 보자. 출처가 불분명한 떡볶이 떡과 김밥에 사용하는 밥, 그리고 여러 소문이 진실일지도 모르는 순대. 특히 그 음식을 자라나는 어린아이들이 즐겨 먹는다. 물론 정성으로 재료를 준비하고 장사하는 사람도 있다. 그러나 순대와 고춧가루, 튀김에 쓰는 기름은 아무리 신경을 써도 근본적인 생산 시스템을 바꾸지 않는 한 품질이 좋을 수 없다. 아딸의 원재료를 납품하는 업체는 맛, 청결, 영양 면에서 최고다. 아딸은 협력업체에 깐깐하게 체크하고 크게 투자한다. 이는 세상에서 가장 좋은 재료로 음식을 만들고자 하는 마음이 더 크기 때문이다. 아딸은 언제나 시장의 상식을 뒤집으면서 여기까지 왔다. 떡볶이를 프랜차이즈로 만드는 것은 수익 구조상 어렵다고 했다. 처음에는 길거리 떡볶이보다 500원 비싸던 가격이 이제는 더 저렴하게 팔린다. 물가는 올랐지만 가장 좋은 식재료를 같은 가격에 공급할 수 있는 가격 경쟁력을 확보하게 된 것이다. 그리고 내 아이들의 건강을 먼저 생각하는 프랜차이즈가 되었다. 아딸의 제품은 출처가 분명하고 한 치 오차도 없이 정해진 프로세스로 건강한 재료로 만든다. 이런 분명한 가치관이 프랜차이즈계의 상식을 바꾸는 초석이 되기를 바란다.

### '아딸'의 비전

1. 남녀노소 모두가 오래전부터 즐겨 온 메뉴

음식점이 성공할 확률은 20퍼센트 미만이다. 체인점 창업 성공에 대한 불신은 더해 가고 있다. 어느 한 지역에서만 즐겨 먹던 음식이 전국으로 확산되면서 과잉 상태가 되었고 이익을 낼 수 없게 된 것이다. 그리고 지금은 몇 남아 있지 않은 찜닭 체인점도 소비자로부터 외면당하고 있다. 그러므로 먼저 염두에 둘 것은 과연 이 음식이 많은 사람에게 오랜 세월 동안 사랑을 받아 온 것인지를 살펴봐야 한다. 튀김과 떡볶이는 한국 사람이라면 누구나 좋아하는 대표적인 별미로 보편화되어 있다. 이렇게 누구나 부담 없이 즐겨 먹을 수 있는 음식을 체계화하고 체인화했다.

### 2. 누구나 좋아하는 분식. 그런데 특별히 맛있고 깨끗한 집은?

떡볶이와 튀김 같은 분식은 이처럼 누구나 즐겨 먹는 음식인데도, 특별히 맛있고 깨끗한 집은 찾아보기 힘든 실정이다. 좋아하지만 지저분해서 먹지 않는 사람도 많다. 그래서 젊은 층이 좋아할 만한 산뜻한 인테리어를 갖추고, 위생 관리 방법과 맛의 비결을 연구하며 실천하고 있다. 초등학생들의 생일 파티 장소로, 중고등학생들의 아지트로, 연인들이 함께 데이트하는 곳으로, 젊은 부부가 함께할 수 있는 곳으로, 가족이 모여 소박하지만 멋진 추억을 만들 수 있는 곳으로 꾸민 것이 아딸이다.

### 3. 계절의 영향을 적게 받는 메뉴

아이스크림, 생과일 빙수, 생과일 주스, 커피 전문점들의 수명이 짧았던 가장 큰 원인은 계절에 따라 현저한 매출의 차이를 보이기 때문이다. 여름 장사 잘해서 겨울나기를 한다는 사람도 있지만 현실은 그렇지 않다. 겨울에도 월세는 내야 하고, 직원 월급은 줘야 하고, 공과금도 내야 한다. 한철 장사는 한철 장사로 끝나는 것이지 다음 계절까지 이어지지 않는다.

## 4. 튼튼한 본사와 성공적인 직영점 운영

체계적인 시스템과 인력을 갖춘 튼튼한 체인 본사는 체인 선택 시 당연히 고려해야 할 사항이다. 그렇다면 체인 사무실만 있고 좋은 아이템만 가지고 있다고 모두 성공할 수 있을까? 현장에서 입증된 것 없이 '그럴 것이다'라고 계획해서 만든 체인점이라면 현실과는 많이 다를 수 있다.

아딸의 경험으로 비추어 보더라도, 치밀하게 계획하고 실행했던 많은 아이템이 현실에서는 수많은 시행착오를 겪어야 했다. 현실은 냉혹하리만큼 냉정하다. 시대의 흐름과 소비 트렌드는 끊임없이 움직인다. 현실에 몸 담고 있지 않으면 그 변화를 읽을 수 없게 되고, 이것은 체인점에 큰 타격으로 다가온다. 그러므로 체인 본사는 성공적으로 운영되고 있는 직영점을 통해 본사와 가맹점주, 본사와 고객 간의 지속적인 상호 소통을 이루어 내야 한다. 이로써 본사는 자기 반성과 발전, 연구, 새로운 메뉴 개발, 사후 관리, 미래에 대한 정확한 전망을 가질 수 있게 된다.

## 5. 체인점의 수익 창출을 위한 부단한 노력

체인점의 수익 창출을 위해서는 우선 인건비를 줄일 수 있는 방법을 연구해야 한다. 아딸은 이를 위한 여러 가지 제도를 시행하고 있다. 식기 세척기 사용, 부분별 셀프 서비스 실시, 시간별 아르바이트 고용, 선불제도, 음식 매뉴얼 제작 등이 그것이다. 모두 시행 초기에는 어려움이 많았다. 예를 들어, "무슨 분식집에서 셀프야?"라며 불만을 표하던 고객들도 많았다. 모든 직원은 고객들이 즐거운 마음으로 거리낌 없이 셀프 서비스를 받아들일 수 있는 분위기를 만들어야 했다. 처음 시도되는 일이었고 반발도 있었으나 저렴한 가격과 감각적인 인테리어, 차별화된 위생 관리를 통해 고객에 대한 죄송한 마음을 대신했다. 진심이 담긴 따스한 미소와 감사의 인사를 잊지 않았다. 또한 분식집에 무슨 식기세척기냐며 돈 낭비라 생각하는 분도 많았다. 하지만 이제는 아딸의 철저한 위생 관념을 상징하는 트레이드마크가 되어 더 많은 고객을 불러들이며, 인건비 최소화를 가능케 하는 핵심 요소가 되었다.

## 6. 매출이 보장되는 소자본 창업 아이템

아딸은 비교적 적은 자금으로도 창업을 할 수 있다. 실 평수 8평의 작은 규모부터 오픈이 가능하다. 메뉴의 특성상 작은 평수라고 할지라도 테이크아웃(포장 판매) 전문점으로서 기본 매출이 보장된다. 10~15평형의 경우 테이크아웃과 홀 매출을 함께 올릴 수 있기 때문에 아파트 밀집 지역이나 주거 단지 초입에서도 높은 수익을 창출할 수 있다.

# "나는 행복한 사람"

아빠 이경수 대표 인터뷰
Q 신현숙,  A 이경수

**Q** 대표님을 보고 있으면 절로 웃음이 나옵니다. 함께 있는 것만으로도 행복이 전달될 정도입니다. 대표님의 행복론을 듣고 싶습니다.

**A** 저도 계단 밑에서 생활하며 가시밭길을 걷던 고난의 시절이 있었습니다. 인생의 가장 어려운 시기에 처해 있을지도 모르는 친구를 어떻게 위로하고 보듬어 주면 좋을지 항상 생각합니다. 또한 자기가 먼저 행복해야 다른 사람에게 그 행복이 전달될 수 있다고 생각합니다. 내가 행복하고 남을 돌아보기를 놓치지 않으면 모두가 행복해질 수 있습니다.

**Q** 가족에 대한 이야기를 할 때나 회사에 대한 이야기를 할 때, 그리고 강연할 때 자주 미소를 보이십니다. 꿈이 이루어져 행복하다는 표현인 건 같습니다만?

**A** 꿈은 언젠가 이뤄질 무엇이 아닙니다. 지금 이뤄지고 있는 것입니다. 어떤 사람들은 꿈이 이뤄질 때까지는 불행하다고 생각합니다. 꿈을 이루기 위해서 지금의 이 힘겹고 지치는 상황을 참고 견딘다는 식이지요. 이것은 잘못된 생각입니다. 꿈을 향해 달려 나갈 때가 가장 행복한 순간입니다. 그래서 저는 '자유시간' 때나 '아딸' 때나 똑같은 미소를 짓습니다. 현재는 언제나 꿈이 이뤄지고 있는 순간을 의미하니까요.



**A** 사실 둔촌동 점포는 실패했지만 실패한 것이 아니었습니다. 5년간 고생은 고생대로 했는데, 결국 돈도 날리고 80평짜리 점포도 날렸지요. 그때 떡볶이는 보기도 싫다며 다른 일을 시작했다면 제 인생은 실패로 끝났을 거예요. 그런데 끈질기게 떡볶이 사업을 붙들었고 힘든 과정을 거치며 지금의 결과가 만들어졌습니다. 눈물로 씨를 뿌렸지만 기쁨으로 거둘 수 있었던 것은 불행하다는 생각을 걷어 낸 덕분이 아닐까 합니다.

"중국의 빨간 떡볶이"



A 중국에 진출하기 위해서는 팀을 만들어야 합니다. 현지인 직원을 교육시킬 때 저는 시스템보다 그들의 감성을 터치하는 것에 집중합니다. 일명 '추억 만들기'라고 하죠! 현지 직원들과 함께 63빌딩, 남산, 동해안, 스키장 등 많은 곳을 함께 다니며 추억을 만들었습니다. 몇 달 뒤, 교육이 끝나고 중국으로 돌아갈 때 눈물을 흘리던 직원이 생각납니다. 한국의 '아딸' 직원이 된 것에 너무 행복해했습니다. 그들은 한국을 많이 그리워합니다.



A 앞으로 중국 시장을 더 확대할 계획입니다. 중국 시장은 한국 시장과 다릅니다. 시행착오가 있어요. 사업하면서 분석을 하는 시간을 충분히 갖고 타이밍을 보고 있어요. 중국에 투자하기 위해서 3년 정도 준비했습니다. 그리고 그 이후 직원들을 파견시켰고 1년 정도 사업하다가 2개가

되었지요. 돌다리도 두드리고 건너가고 있어요. 차근
차근 분석하고 다음에 확대하는 거에요. 각자 직원이
리더십을 가져야 한다고 강조합니다.



A 작년 7월 4일에 베이징 대학가인 우다커우(五道口)에 직영 1호 점을 오픈 할 때, 정말 힘들었습니다. 상권 분석, 메뉴 개발, 인테리어 컨셉, 직원 교육을 준비하며 2년을 보낸 후 2011년 2월에 임대 계약을 체결했습니다. 그리고 인테리어 하고 오픈하는 데 5달이 걸렸습니다. 에피소드요? 하하, 정말 모든 것이 에피소드입니다. 속된 말로 정말 환장하겠더군요. 모든 것이 정해진 날짜에, 약속한 대로 이뤄지는 것은 단 하나도 없었습니다. 간판도 달고 떼기를 두세 번 했고, 페인트도 지우고 칠하기를 여러 번 반복했습니다. 직접 주문한 주방용품은, 막상 설치 날이 되자 다른 제품이 배송되더군요. 하하, 처음에는 화를 냈지만, 나중에는 그냥 웃으면서 이렇게 외쳤습니다. "다시, 다시" 나중에는 중국 친구들도 제가 "다시"라고 하면 웃으며 처음부터 하더군요. 하하. 한번에 제대로는 못해도 화를 내거나 안 한다고 하지는 않으니 그것으로 된 거죠 뭐.

**Q** 행복학자들은 결혼한 이들이 결혼하지 않은 사람들보다 행복하고, 이혼이 불행의 근원이라고 합니다. 또한 배우자와 헤어지는 일이 행복에 미치는 영향은, 가계 소득이 1/3 줄어드는 일이 행복에 미치는 영향보다 네 곱절 크다고 합니다. 요즘 사람들은 결혼을 너무 우습게 여기는 경향이 있는 것 같습니다.

**A** 권태기라는 말이 나오는 게 문제입니다. 늙어서, 살이 쪄서, 매력이 없어져서가 아니지요. 그저 자신의 마음이 변한 것인데 외적인 변화를 들어 핑계를 댑니다. 초심으로 돌아가자는 말은 정치인이나 기업가들만 하는 이야기가 아니죠. 내가 한 여자를, 한 남자를 선택해서 슬플 때나 기쁠 때나, 그 어떤 일이 있어도 무조건 사랑하겠다고 약속했다면 그렇게 해야 합니다. 갈등이 없을까요? 무조건 맞춰야죠. 맞출 마음이 없으니 상황이 악화되고 끝을 향해 달려가는 겁니다. 저는 결혼할 때 몇 가지 원칙을 정했습니다. 우리는 싸우지 맙시다, 혹시 싸워도 같은 침대에서 잡시다 하는 원칙입니다. 억지로라도 옆에 누우면 아침에

일어났을 때 누구든지 먼저 미안하다고 말할 마음이
생길 수 있습니다.



A 결혼하고 7년은 정말 한 번도 안 싸웠어요.
장사를 하면서는 의견 차이가 나오더라고요.
하지만 조율을 했죠. 같은 방, 같은 침대를 쓴
다는 원칙은 지켰습니다. 그 뒤 많은 것이 개선되면
서 싸움은 잠시, 하루가 지나면 아무것도 아닌 게 되
더라고요.



A 상대방의 방식을 존중해 주면 많은 문제가 해결됩니
다. 우리 부부도 그렇게 합니다. 아내는 겨울이 되면
일과가 끝나고 매일 야간 스키를 타는 저를 나무라
지 않습니다. 6시에 퇴근하자마자 스키 장비를 챙겨
서 나가면 12시나 되어야 들어오거든요. "도대체 왜
그래요?"라고 하지 않고 오히려 "당신이 뭔가를 하는
게 좋아요."라고 합니다. 일만 하는 제가 너무 안쓰러

왔다는군요. 저도 공부하고 싶다는 아내의 의견을 존중해서 언제든 지지합니다. 존중해야 배려하고 배려하면 사랑하게 됩니다. 사람들은 어떻게 한 여자만 사랑할 수 있느냐고 묻지만, 한 여자만 사랑하기에도 인생은 너무 짧고 할 일은 많습니다.



A 우리는 아이들을 절대 남의 손에 맡기지 않았어요. 아이들은 우리 부부가 힘들 때 서로 사랑하고 지지해 주는 것을 보고 자라서 그런지 사업이 안정된 후에도 별로 많은 것을 바라지 않습니다. 그냥 아빠와 함께하는 시간을 원합니다. 그래서 시장을 다니며 아이들과 대화하는 것을 좋아합니다. 아이들은 우리가 얼마를 버는지 모릅니다. 돈이 행복에 미치는 영향은 정말 작다는 것을 알기에, 내 아이들에게는 검소함을 가르쳐 주고 있습니다. 돈을 많이 벌어서 하나도 안 쓰고 죽는 사람이 되고 싶은 게 아니고, 한 박자 느리게 누리고 싶을 뿐입니다. 돈이든, 상황이든, 너무 앞당겨서 누리려고 하면 불행해집니다. 우리 가족이 행복하게 사는 방법은 현재에 만족하고 한 박자 느리게 누리는 겁니다.

"장사에는 신명과 감동이 있어야 합니다.

고객을 만족시키면, 반드시 주는 것 이상 돌아옵니다.

지금 이 가게에 찾아오는 사람들이 무얼 기대하는지 생각해보면

답을 쉽게 찾을 수 있습니다.

무엇보다 중요한 것이 바로 사람입니다.

무엇을 충족시켜 줄지 전략을 세워야 합니다.

집중해서 고민하면 어떤 문제든 해결될 것입니다."

"업종에 맞는 원칙을 세워, 그것을 극대화해야 합니다.
음식점은 맛, 청결, 서비스, 옷가게는 멋, 품질, 서비스,
수영장은 물, 강사진, 시설일 것입니다.
기본 원칙조차 만족시키지 않으면서
매출 상승을 기대하는 것은 잘못입니다."

# 02

# 진심의 경영,
# 행복한 일터

## 나는 믿기 때문에 성공했다

"리더십의 비밀은 단순하다. 바로 자신이 믿는 것을 하는 것이다. 미래를 그리고 그곳으로 가라. 그럼 사람들이 따라올 것이다."(세스 고딘)

『보랏빛 소가 온다』라는 책을 쓴 세스 고딘의 리더십에는 '믿음'이 내포되어 있다. 나 자신이 믿은 것은 바로 '하나님'이었다. 사람들은 내게 어떻게 하면 성공할 수 있냐고 물어 온다. 하나님을 믿고 섬기는 것과 이웃을 내 몸처럼 사랑하는 것, 이것이 내가 생각하는 성공의 비결이다. 내 이웃을 내 몸처럼 사랑하는 것은 사람에 대한 배려와 관심, 그리고 사랑이 있어야 가능한 일이다. 이것이 사업의 기반이 되면 그 사업은 잘되기 마련이다. 나는 경영학을 전공하지 않았지만 사업하는 데 어려움이 없었다. 두 가지를 지키려 노력했다. 첫 번째로 하나님을 사랑하라. 마음을 다하고 뜻을 다하고 성품을 다하고 목숨을 다하여 하나님을 사랑하라는 것이다. 두 번째가 네 이웃을 네 몸과 같이 사랑하라는 것이다. 기독교 정신은 하나님을 믿고 이웃을 사랑하는 것이다. 그러면 기독교인이 이 정신을 사업에 적용시키면 어떻게 될까. 이웃을 내 몸처럼 사랑한다는 것은 거짓 없이 진심을 다한다는 것이다. 점주들에게서 이윤을 착취하다 사업이 궤도에 오르면 본사를 팔아서 평생 세계 여행을 다닐 궁리를 하는 사람들은, 진심이 없는 돈의 성공만을 추구한다. 내 가족이 부자로 살기 위해 다른 사람을 희생해도 된다는 생각은 잘못된 것이다. 기업가는 자신으로 인해 함께하는 모든 사람을 끝까지 책임져야 한다. 가족과 점주, 그리고 하청업체 사장들을 책임져야 그들이 나를 성공으로 인도한다. 그런데 많은 사람이 돈을 벌고 나면 이 모든 사람의 고마움을 잊고, 함께한 파트너들을 버린다. 이것은 기업가의 자세가 아니다. 성공하고 싶은 사람이 있다면, 사업을 지금 시작하고 있는 사람이 있다면, 당장 하나님과 이웃을 사랑하는 믿음을 구비하자. 그 후 서로 존중하고 존경하는 자세와 해내겠다는 결단을 하라! 무엇보다 자신의 성공에 대해 믿음을 가지고 행동하라!

## 진심 경영

나는 비록 경영의 지식은 일천하지만 경영학 위에 진심을 두어 언제나 차가운 머리와 뜨거운 가슴을 유지한다. 사업을 하는 데에 행정적이고 법률적인 정보와 대안이 필요한 것은 당연하지만 그것보다 우선 사람에 대한 따뜻한 마음이 필요하다. 법 위에 상식이 있고 상식 위에 도리가 있다고 생각한다. 도덕적으로 사는 사람은 법에 걸리지 않는다. 하지만 회사를 만들고 체계를 만들어 가다 보면 법을 몰라서 법을 어기게 되는 경우가 있다. 회사의 사장이 도덕적인 사람이라 해도 회사는 법을 위반할 수 있으며 불법을 용인할 수 있다. 기업이 투명하고 바르게 성장하기 위해서는 전문적인 시스템을 갖추기 위해 총력을 다하는 만큼 도덕적이고 불법을 행하지 않도록 다잡아야 한다.

경영의 원리는 적은 비용으로 극대의 이윤을 창출하는 것일까? 재료비를 아껴 고객의 건강을 위협하고 운영비를 줄여 직원의 복지를 무시하는 것이 경영의 원리일까? 나는 그런 경영이라면 모르는 게 낫다고 생각한다. 기업의 이윤 위에 있는 것이 상식과 도리, 진심이다. 내 이웃이, 내게 자주 오는 고객이 이것을 먹고 건강했으면 좋겠다, 행복했으면 좋겠다 이런 생각이라면 이윤 극대화를 위해 비도덕적인 일을 할 수 없을 것이기 때문이다.

『좋은 기업을 넘어 위대한 기업으로』에서 짐 콜린스는 기업이 수익 창출 이외의 선하고 분명한 목적을 지니고 있다면 위대하게 성장할 수 있다고 조언한다. 아딸의 핵심 가치는 진심 경영이다. 모든 것 위에 사람이 있고 건강이 있고 행복이 있다. '아딸'은 프랜차이즈 업계의 최고다. 앞으로 더욱더 생각해야 할 것이다. 건강하고 올바른 이익을 창출하기 위해 핵심 가치를 세우고 또 세울 것이다. 나는 아르바이트를 하면서도 뜨거운 열정으로 임했다. 그 열정이 회사를 세웠고 브랜드를 만들었으며 매번 혁신하고 가치 있는 일을 산출해 냈다. 성공하기 전에도 성공한 후에도 '아딸'은 사람이 먼저였다.

▶ 아딸 본사에서 이경수 대표, 이준수 이사가 나란히 걷고 있다. 동생인 이준수 이사와는, 회사 제반 업무와 관련해 끊임없이 상의하고 토론한다.

## 결정도 빨리, 실행도 빨리

모두가 리더가 되면 성장은 일어나기 마련이기 때문에 리더가 될 만한 사람은 방해하지 말고 더 키워 줘야 한다. '아딸'의 모든 직원은 리더다. 다들 하루는 리더가 되고 하루는 팔로어가 된다. 납득이 되기만 하면 다들 역할 분담을 한다. 모든 직원이 아이디어를 내고 그것에 맞게 추진하고 있다. 그러다 보니 빨리 테스트하게 되고 실패와 성공도 빨리 하게 된다. '아딸'의 추진력은 빠른 적응력이라고 할 수 있다.

초창기 '아딸'은 나와 아내, 동생, 그리고 몇몇 직원만으로 꾸려졌다. 서너 명의 직원들은 지금처럼 준비된 교육 팀장, 슈퍼바이저 팀장 등 전문성을 가지고 투입된 것이 아니라 점주로서 주인으로서, 체인점을 운영해 왔던 분들이다. 우리 가족의 요청에 직원들 대부분이 가게를 팔고 직원으로 들어와 직원이 되었다. 이후 5년 정도 교육을 하다 보니 자신이 맡은 팀 분야에 전문가가 되었다. 모두가 리더가 되다 보니 팀장과 경영진이 내린 결정이 일치하고 무슨 이야기든 쉽게 알아들었다. 초창기 구성원이 지금까지 지속되고 있으니 얼굴만 봐도 뭘 요구하는지 아는 사이가 되었다. 그 후 많은 직원을 뽑고 규모가 커졌지만 모두 리더 역할을 수행하는 것을 배우고 있다. 주인 의식을 가지고 뭐든지 빨리 결정을 내리고 실행한다. 아딸에는 팀장과 경영진이 참여하는 회의가 없다. 단지 팀장이 현장 직원들에게 끊임없이 요청한 결과를 받아서 새로운 아이템을 만들어 낼 뿐이다. 매일, 매주 정해 놓지도, 시키지도 않은 보고서들, 기획안들이 어마어마하게 올라온다. 경영진이 하는 일은 단순하다. 팀장이 내린 결정이 부족한 결과를 내더라도 실패를 용인해 주는 것과 결정 후 일이 잘 진행되도록 끊임없이 관심을 보이는 것이다. 단, 담당자에게 진행 정도를 물어보는 것이 아니라 현장에 묻는다. 팀장한테 필터링되어 올라오는 보고가 아니라 현장에서 집행하는 실무자에게 다이렉트로 보고를 받는다. 결과 보고는 팀에서 합쳐서 전자 메일로 보고한다. 그리고 모든 보고서는 사내 네트워크로 모두에게 100퍼센트 공개한다. 하루를 시작하는 시간과 마무리하는 시간에 모든 직원이 열공 모드로 들어간다. 현장에서 실행한 것을 장표로 정리하기 때문이다. 모든 자료가 공개되기 때문에 직원 간에는 보이지 않는 경쟁심이 생긴다. 나는 그것을 은근히 즐긴다. 직원 간 긍정적인 경쟁은 기업 성장의 원동력이 되기 때문이다.

## 사장만 야근하는 회사

나는 제법 야근을 한다. 매장에 새로운 아이디어를 도출해야 할 때도 그렇고, 떠오르는 새로운 브랜드에 대비하는 메뉴 개발과 자료 조사를 할 때도 그렇다. 그러나 직원들은 특별한 일 외에는 야근하지 않는다. 슈퍼바이저들이 매장 오픈을 할 때에도 5시가 되면 회사로 복귀하고, 6시에는 정시 퇴근을 한다. 어떤 점주는 슈퍼바이저가 오픈 일에 빨리 퇴근하는 게 어디 있느냐며, 지금부터가 바쁠 때라며 항의 전화까지 한다. 그래도 어쩔 수가 없다. 정해진 퇴근 시간을 다들 너무나 잘 지킨다. 점주들도 이제 시간을 아껴 활용한다. 더구나 주 5일 근무도 실시한다. 저녁 8시가 넘어가 회사에 앉아 있을라치면 언제나 난 혼자다.

요즘 직장인들은 필요 없이 너무 야근을 많이 한다. 업무 시간은 느슨

하게 흘려보내고 저녁을 먹고 나서야 집중이 되는 악순환의 고리를 끊어야 하는데 본인들이 원하는 것인지 회사 분위기 탓인지 좀처럼 개선되지 않는다. 명확한 것은 기업 차원에서 야근보다는 정시 근무가 장기적으로는 일 관리가 효율적으로 정립되어 비용적으로나 업무적으로 더 나은 결과를 낼 수 있다. '아딸' 가맹점이 불 일듯 일어나고 있을 때 밤샘을 해서라도 원하는 점주들에게 교육시키고 더 많은 가맹점을 낼 수 있었다. 하지만 컨디션이 좋지 않은 직원에게 교육을 받은 점주들이 얼마나 좋은 결과를 낼 수 있겠는가 자문했다. 나는 결단을 내렸다. 더 이상 야근과 주말 근무는 없다. 결과는 놀랄 정도였다. 그날그날 제대로 된 보고서를 쓰기 위해 직원들은 업무 시간에 한눈도 팔지 않고 일했다. 그리고 주말은 본인들을 위해 시간을 사용했으며 가족과 함께 시간을 보냈다. 그리고 월요일 직원 예배를 시작으로 한 주를 다시 시작할 때 직원들은 매의 눈이 된다. 한순간도 실수하지 않고 정해진 시간을 효율적으로 사용하기 위해 몸부림친다. 나도 되도록이면 야근하지 않으려고 한다. 사랑하는 딸들과 아내의 곁으로 빨리 가고 싶기 때문에.

## 법을 지키며 사업한다

예수께서 나귀 새끼를 타고 예루살렘에 입성한 후 셋째 날에 바리새인들과 헤롯당 사람들이 성전에 계신 그분을 찾아와 물었다. "가이사에게 세금을 바치는 것이 옳으니이까 옳지 아니하니이까 우리가 바치리이까 말리이까."<sup>막 12:14~15</sup> 그분의 말을 책잡기 위한 질문이었다. 예수께서 그들에게 이르셨다. "데나리온 하나를 가져다 내게 보이라." 그들이 세금

낼 때 쓰는 한 데나리온짜리 은화를 가져오자 다시 물으셨다. "이 형상과 이 글이 누구의 것이냐?" 디베료 황제 때의 데나리온에는 그의 흉상과 이름이 새겨져 있었다.

"가이사의 것이니이다." 그러자 예수께서 그들에게 이르셨다. "가이사의 것은 가이사에게, 하나님의 것은 하나님께 바치라."막 12:17

또한 바울도 상전에게 복종하라고 가르쳤다. 우리가 살고 있는 세상의 법을 따라야 한다는 뜻이다. 제 아무리 의롭고 선한 일을 많이 하는 사람일지라도 법을 어기고 나름대로의 뜻대로 행동한다는 것은 있을 수 없는 일이다. 나는 사업을 하면서, 숨기지 않고 합법적으로 세금을 다 내기로 작정했다. 법을 지키며 사업을 하는 것이 좋겠다고 결심한 후 나는 그 어떤 것도 피하지 않는다. 직원들에게도 기본적인 나의 자세를 인지시켰다. 이제 직원이 세무기관보다 더 정확해졌다. 이렇게 되자 보통 사업이 성장하면서 찾아온다는 시스템적 · 법률적인 위기를 거의 겪을 일이 없었다.

# 1장

# '아딸'은 복지시대

　새로운 매장을 오픈해야 하는 '아딸'의 운명적 임무에 사실 주 5일 근무제는 불가능한 일이다. 하지만 나는 '아딸'을 법인화시키면서 2008년 1월 1일자로 주 5일 근무제를 선언했다. 그에 따른 인적·물적 보강이 필요했다. 교육팀이 보강되고 슈퍼바이저가 끊임없이 관리하는 시스템을 만들었다.

　철저한 주 5일, 야근이 없고, 야근이 있을 경우에는 야근 수당이 있고, 토요 근무 수당이 있다. 그야말로 노동법상에 있는 모든 것을 다 적용하는 셈이다. 현재 퇴직 연금제를 시행하고 있고 회사가 망해도 연금을 받을 수 있도록 했다.

　직원에게는 관심 있는 어떤 도서도 살 수 있도록 도서비를 100퍼센트 지급하고 회사 책꽂이에 보관하게 했다. 새벽과 저녁 시간을 이용해 요가나 헬스를 할 수 있도록 복지비를 지원한다. 1년에 4번 정도는 영화나

뮤지컬 공연 등을 보도록 배려한다. 특히 함께 일하면 능률도 오른다고 생각하여 아딸은 사내 연애를 권장한다.

임신도 권장하고 육아 휴직도 법이 정한 만큼 최장기간 동안 쓸 수 있게 했다. 아기를 출산하면 탄력 근무제 신청도 가능하다. 그리고 개인이 원하는 특수한 사원 복지 요청이 들어오면 무조건 승인한다. 열거한 것은 사내 법률 조항을 읊은 것이 아니다. '아딸'에서 현재 실행되고 있는 복지 관련 안건을 두고 하는 말이다. 총무 파트 직원이 노무법을 공부하면서 언제나 법 테두리 안에서 창의적으로 회사에 제안을 한다. 그러면 나는 그것을 곧바로 시행한다. '아딸'은 합리적이고 합법적으로 오래가는 기업이 되고 싶기 때문이다.

## 아딸에는 마이너스 연봉이 없다

성경에는 아주 적은 수의 병사로 미디안과의 힘든 싸움을 승리로 이끈 이야기가 나온다. 300명의 기드온의 용사를 일컫는 말이다.

"여호와께서 기드온에게 이르시되 너를 좇은 백성이 너무 많은즉, 내가 그들의 손에 미디안 사람을 붙이지 아니하리니, 이는 이스라엘이 나를 거스려 자긍하기를 내 손이 나를 구원하였다 할까 함이니라. 이제 너는 백성의 귀에 고하여 이르기를 누구든지 두려워서 떠는 자여든 길르앗 산에서 떠나 돌아가라 하라 하시니 이에 돌아간 백성이 2만 2000명이요. 남은 자가 1만 명이었더라. 여호와께서 또 기드온에게 이르시되 백성이 아직도 많으니 그들을 인도하여 물가로 내려가라. 거기서 내가 너를 위하여 그들을 시험하리라. 무릇 내가 누구를 가리켜 이르기를 이

가 너와 함께 가리라 하면 그는 너와 함께 갈 것이요, 내가 누구를 가리
켜 이르기를, 이는 너와 함께 가지 말 것이니라 하면 그는 가지 말 것이
니라 하신지라. 이에 백성을 인도하여 물가에 내려가매 여호와께서 기드
온에게 이르시되 무릇 개의 핥는 것 같이 그 혀로 물을 핥는 자는 너는
따로 세우고 또 무릇 무릎을 꿇고 마시는 자도 그같이 하라 하시더니 손
으로 움켜 입에 대고 핥는 자의 수는 300명이요 그 외의 백성은 다 무릎
을 꿇고 물을 마신지라. 여호와께서 기드온에게 이르시되 내가 이 물을
핥아 먹은 300명으로 너희를 구원하며 미디안 사람을 네 손에 붙이리니
남은 백성은 각각 그 처소로 돌아갈 것이니라 하시니.” 삿 7:1~23

　싸우겠다고 자처한 3만 2000명 중 300명만 뽑은 후 기드온은 상상할
수도 없는 대승을 거두게 되었다. 이 구절은 많은 신학자와 처세론자들
에게 다양하게 읽혔지만 나는 자신감과 연결한다. 지원한 용사들은 한번
씩 과정을 통과할 때마다 조금씩 자신감이 반감되었을 것이다. 왜 이렇
게 복잡하게 병사를 뽑을까. 그렇게 힘든 전투일까 하는 걱정과 함께 생
각해 보니 이 기회에 전장에서 빠져나가는 것도 괜찮겠다는 자기 합리
화가 있었을 것이다. 그러나 마지막까지 남은 300명은 비록 전쟁하기에
는 너무 적은 숫자이지만 마음에 두려움은 없었다. 마지막 테스트는 물
마시는 태도를 보았다. 극심히 목이 말라 물을 접하게 되면 그 사람의
본성이 드러난다. 평소에 숨겨 놓았던 됨됨이가 보인다.

　‘아딸’은 직원들을 뽑을 때 본성을 본다. 이력서와 자기 소개서를 제출
하게 하지만 이력서는 들여다보지도 않는다. 자기 소개서로만 1차 전형
을 실시하고 그 후 여러 번의 면접을 통해 앞으로 겪을 일에 두려워하지

않는 사람, 자기 스스로에게 자신감이 있는 사람, 그리고 본성이 착한 사람을 골라 낸다.

그래서 그런지 '아딸' 직원들은 최종 학력이 제각각이다. '아딸'에 최선을 다할 인재를 구별해서 뽑는 데에 영어 실력과 대학이 중요하지 않다. 그렇다고 직원들이 무식하다는 말이 아니다. 입사한 후 회사의 비전에 따라 부단한 노력으로 자기만의 분야에서 최고의 실력을 갖추고 있기 때문이다.

최고의 실력을 갖추기 위해 신랄한 업무 평가를 실시한다. 완벽한 업무 평가와 인사 고과 제도가 있고 개인별로 냉혹하게 적용한다. 3개월 단위로 4번의 고과가 적용되고 12월 말에 취합해 파트장 평가와 팀장 평가가 이어진다. 그 후 경영진에 보고되면 경영진은 2개월 동안 지켜본 후에 연봉 협상과 승진 결정을 한다. 3월 2일, 결과 발표를 한다. 이 결과에 승복하지 못하면 '아딸'을 떠나야 한다. 특이한 점은 자기 업무 기술서와 팀장의 평가서를 합한 전체 평가의 평균이 팀장 점수가 된다. 팀장은 팀과 운명 공동체가 된다. 그러나 실적을 내지 못했더라도 1년의 수고를 폄하하진 않는다. '아딸'에는 마이너스 연봉이 없다.

### 예배로 한 주의 힘을 얻다

매주 월요일 9시가 되면 본사 교육장에서 찬송가 소리가 울려 퍼진다. 직원 모두가 참석하는 예배를 드린다. 짧은 성경 말씀을 읽고 건강한 삶을, 자기 성찰을, 말씀에 녹여 낸다. 나는 신학을 전공하고 그리 길지 않은 시간 개척 교회 전도사를 지낸 적이 있다. 하나님 말씀을 전하는 일이 너무 두렵고 떨렸던 소심한 신학생이었지만 그 일을 천직으로 알고 최선을 다했다. 지금은 비록 주님의 기업으로 '아딸'을 키우는 경영인이 되었지만 천직인 목회를 그칠 수는 없다. 나는 매주 말씀을 읽고 말씀을 전하면서 힘을 얻는다. 새로운 도약을 위해 하나님의 도우심을 구하고 있다. 그러나 직원들에게 종교를 강요하지는 않는다. 처음에는 새로 뽑은 직원들이 예배를 불편해했다. 그러나 시간이 지나면서 내가 전하는 말씀의 진정성을 알기 시작한다. 물론 성경의 말씀을 전한다. 그러나 말씀 중 믿지 않는 사람들까지도 이해하고 감동할 만한 이야기를 덧붙인다. 부모님께 효도하라는 얘기는 빠지지 않는 내용이다. 오늘 업무 전에 하트 이모티콘을 부모님께 보내라. 문자도 남자 친구, 여자 친구, 아내, 남편에게만 하지 말고 꼭 부모님께 사랑한다는 문자를 드려라. 이런 말을 귀에 못이 박히도록 한다. 내가 제대로 서지 않으면 성공할 수 없다고 강조한다. 사치하지 말고 겸손하라. 매사를 긍정적으로 대하라. 점주를 사랑으로 대하라. 매번 듣는 소리이지만 직원들은 점점 수긍해 간다. 그러다 보면 하나둘씩 내가 믿는 하나님을 믿게 된다. 예배는 짧다. 그래서 졸릴 틈도 없다. 나는 큰 목소리에 가벼운 몸짓을 섞으며 당부한다. 오늘도 너무 긴장하지도 말고, 너무 늘어지지도 말고 항상 싱글벙글 웃으라고.

## 골프채가 어디 갔지?

언제부터인가 우리 사회에서 사업을 시작하면 꼭 같이 시작하는 운동이 바로 골프다. 골프 경영이라는 말도 생겨나 골프를 하기 전이나 하는 동안, 그리고 골프를 한 후에 상대방을 관찰함으로써 사람들을 분석하고 진정한 성격을 가늠하는 방법을 소개하기도 한다. 사업을 하는 사람들이 가장 사랑하는 운동이 골프이다 보니 골퍼들의 성격에 따른 사업 성공 비결을 읽어 내는 것도 무리는 아니겠다. 그런데 나는 성공한 사람들이라면 으레 배워야 하고 해야 하는 골프와 친하지 않다. 골프를 싫어하거나 절대 하지 말아야 한다는 것은 아니다. 운동에도 개인 취향이 있으니 말이다. 단지 성공과 골프를 굳이 연결하지는 말자는 것이다. 어떤 분이 내게 이제 성공도 했으니 이런 운동을 해야 한다며 골프백을 선물로 주셨다. 그 선물을 받고 나도 골프를 좀 해봐야겠다고 근처 골프 연습장에 다닌 적이 있다. 그런데 며칠 다니다가 일에 몰두하게 되면서 골프의 존재를 아예 잊어버리고 말았다. 가지고 다니던 골프백은 사장실 문 귀퉁이에 세워 두었다가 사원들이 문을 열고 닫는 데에 걸리적거리자 자동차 트렁크에 담아 둔 이후로 그 존재 여부가 불분명해졌다. 내게 골프는 그냥 운동 중 하나이지 사업의 성공과 관련된 코드가 아닌 것이다. 나는 내 체력을 키우는 운동이 좋다. 건강한 몸에 건강한 정신이 깃드는 법이다. 자전거를 타고 한강변을 달리며 땀을 흘리면 복잡한 생각이 자연스레 정리가 되고 짧은 시간 큰 운동 효과를 낸다. 나는 내가 좋은 운동을 택했다.

### 세월을 아끼라

'아딸'은 아직 사옥이 없다. 남들은 왜 사옥을 사지 않느냐고 질문한다. 하지만 나는 아직 때가 아니라고 대답한다. 사장실도 협소한 편이다.

소파는 야근하면서 쉬기 위해 들여놓았다. 성공이 보인다고 돈을 물 쓰듯 하면 망하기 십상이다. 어려운 시절을 겪으며 성공했는데 돈을 너무 쉽게 잃어버리는 것만큼 어리석은 짓은 없다. 돈의 가치는 세월을 아끼는 자만이 알 수 있다.

시간처럼 귀한 것은 없다. 억만금을 줘도 한 시간을 살 수 없는 것과 마찬가지 이치다. 세월을 아끼는 방법은 어떻게 살 것인가를 자세히 주의해야 한다.

미국의 정치가이자 사업가 벤저민 프랭클린이 필라델피아에서 서점을 운영할 때였다. 어떤 젊은 사람이 책을 사러 들어와서는 값을 물었다. "책값이 너무 비쌉니다. 20달러나 됩니까? 너무 비싼데 깎아 주세요." 하고 졸랐다. 벤저민 프랭클린은 값을 깎아 주기는커녕 더 올려서 "25달러입니다." 하고 답했다. 그 손님은 "아니 방금 전에 20달러라고 하더니 25달러라니 말이 됩니까?" 하고 어이없어 했다. "당신이 내 귀한 시간을 자꾸만 빼앗아 가니 값을 올릴 수밖에요."

사람이 성공을 이루게 되면 힘들었던 과거를 부정하고 세월을 헛되이 쓰게 된다. 평소에는 필요 없던 것들이 성공하게 된 후에 너무 절실하게 필요해진다. 잉여의 차가 필요하고 사옥이 필요하게 된다. 하지만 나는 아직 샴페인을 터뜨릴 준비가 되어 있지 않다. 제2의 도약을 위해 조금 더 세월을 아낄 것이다. 아낀 세월이 무르익으면 직원들의 소망을 담아 사옥을 지을 것이다.

본사는 역세권에 짓고 싶다. 거기에 점주들이 언제나 와서 자유롭게 시간을 보내고 교육을 받게 되는 공간과 결혼하고 육아가 필요한 직원

들을 위해 어린이집, 그리고 지방에서 올라온 직원들의 숙소 등을 마련
하고 싶다. 이것은 나의 소원이자 '아딸'의 희망 사항이기도 하다.

# 2장

# 1등에 연연하지 않는다

　기업이 추구해야 할 근본은 경쟁 역량을 갖추는 것이다. 희소성 있는 역량을 가지고 있다면 능력과 자원을 갖추었다고 할 수 있다. 언제나 경쟁 회사에 대해 우위를 확보하는 것이 중요하다. 이는 더 차별화된 제품과 서비스를 창출하는 것으로 구체화된다. '아딸'은 현재 분식 프랜차이즈사 중 1등으로 대내외적으로 평가받고 있다. 1등에만 목말라 있다면 좀 더 쉬운 방법을 찾았을 수도 있다. 지금의 위용을 자랑하고 누리고 즐기고만 있을지도 모른다. 하지만 '아딸'은 오늘도 경쟁사를 분석하고 강점과 약점을 통해 가야 할 방향을 모색하고 있다. 입이 닳도록 주장하는 건강한 메뉴와 서비스를 더욱 강화하는 데 집중한다면 1등이라는 것은 단지 숫자 놀음에 지나지 않는다는 것을 알기 때문이다. 중소기업청에서 인증하는 프랜차이즈 1등급 판정을 받을 때 고객이 바라보는 브랜드, 점주가 바라보는 브랜드에 대한 인식에 대한 배점이 30퍼센트라고 한다. '아딸'만이 만점에 가까운 점수를 받았다고 한다. 진정한 1등은 공인 기관에서 매길 수 없다. 내부 고객과 외부 고객이 인정해야 비로소 1등이라 칭할 수 있는 것이다. 나는 원칙과 소신으로 '아딸'을 키워 냈다. 사업의 전문화 과정을 통해 한 단계씩 차근차근 올라갔다. 1등이라는 결과를 바라는 대신 단지 마음을 다하고 뜻을 다해 제품과 서비스에 집중했을 뿐이다. 1등은 연연한다고 유지되는 것이 아니다.

## 미쳐야 미친다

기업이나 개인의 비전은 훌륭한 사람들의 조언이나 꼭 필요한 지식보다도 용기를 필요로 한다. 특히 아이디어를 제품과 서비스에 녹여 내기 위해서는 어떤 어려움에도 불구하고 추진하겠다는 강인한 의지가 필요하다. 또한 다른 사람들은 절대 할 수 없다는 일을 해내고 있는 미래의 자신을 상상하는 것이 필요하다. 그렇게 되기 위해서는 가장 필요한 덕목이 끈기라고 생각한다. 우리 가족의 생존의 우물이었던 '아딸', 처음은 미약했지만 지금처럼 클 수 있었던 것은 용기 때문이었다. 좌절의 상황에도 용기가 솟구쳐 올랐고 사업을 시작한 지 얼마 되지 않아 세상을 아름답고 행복하게 만들고자 하는 마음이 생겼다. 사람을 위하는 마음으로 장사에 임하다 보니 한 발 한 발 큰 바다로 향하는 데 힘들지 않았다. 보통 사람들은 강한 용기로 시작된 일일지라도 시간이 지나면 처음의 열정은 사그라들기 마련인데, 나는 그렇지 않았다. 그 이유는 바로 미치는 데 있었다.

"세상에는 여러 종류의 사람이 있다. 한 번 척 보고 다 아는 천재도 있고, 죽도록 애써도 도무지 진전이 없는 바보도 있다. 정말 갸륵한 이는 진전이 없는데도 노력을 그치지 않는 바보다. 끝이 무디다 보니 구멍을 뚫기가 어려울 뿐, 한번 뚫리게 되면 크게 뻥 뚫린다. 한 번 보고 안 것은 얼마 못 가 남의 것이 된다. 피땀 흘려 얻은 것이라야 평생 내 것이 된다.”

나는 학창 시절 딱히 1등을 해 본 적도 없고 뛰어난 재치와 유머 감각도 없다. 하지만 한 가지 자신 있는 건 바로 ‘끈기’였다. 장사에 재능을 발견한 후 나는 ‘끈기’를 발판 삼아 모든 분야를 하나씩 마스터하기 시작했다. 새로운 일을 터득하는 일은 내게 그다지 어려운 일이 아니었다. 『미쳐야 미친다』에서 말했던 것처럼, 아주 작은 일에도 피땀 흘려 미쳤다. 한번 뚫리게 되자 내게 모든 지식의 문이 열렸다. 비록 나는 떡볶이 장사를 하지만 나는 그 어떤 분야에도 자신이 있다. 땀으로 체험해서 공고히 만든 내 지식은 결코 남이 가질 수 없기 때문이다. 용기와 열정은 나를 미치게(狂) 만들었고 지금에 미치게(及) 했다.

## 열정 없이 성공할 수 없다

열정을 품은 사람은 성공하게 되어 있다. 그리고 열정으로 일군 자기만의 노하우가 생기면 사람들에게 알리게 되고 관계를 맺는다. 열정은 작은 규모를 어마어마하게 만들 수 있다. 비록 나는 작게 시작했지만 크게 생각했다. 비록 떡볶이지만 수천 억의 매출을 바라보게 되었다. 모든 가능성을 열어 두고 내 속의 열정을 따른 결과다.

따지고 보면 장사의 열정이 나를 연마시켰다. 그때 가장 관심 있는 부분을 열정과 연결시켰던 것 같다. 진심으로 떡볶이를 대할 때 열정이 가슴속에서 꿈틀거렸다. 나는 젊은 사람들이나 노인에게나 열정을 강조한다. 그런데 요즘에는 패기와 열정이 오히려 나이 드신 분들에게 더 있는 것 같다. 먹고살아야 하는 절실함 때문에 열정도 있는 것이고 몸이 아프고 힘들어도 패기가 있는 것이다. 지속되지 않는 열정은 필요 없다. 3개월 안에 모든 것을 만들었다가 하루아침에 그만두는 사람보다는 차라리 느리게 끝까지 가는 거북이가 낫다. 열정도 중요하지만 지속되는 열정은 더 중요하다. 젊은 사람들은 보통 일이 년 하다가 그만둔다. 결과가 조금만 나빠도 바로 좌절하고 포기한다. 뭔가 이뤄지기 직전에 자꾸 포기하다 보니 실패가 잦아진다. 한번 작정했으면 끝까지 가는 거다.

삶 속에 고난은 반드시 있다. 시련도 반드시 있다. 기업을 만들고 사업을 하는 데에도 고난과 시행착오가 있기 마련이다. 시련과 고난은 당연히 따르는 법인데 이것을 만나면 바로 포기하는 사람이 있다. 난 왜 이럴까, 나는 왜 되는 일이 없지. 나라서 그런 것이 아니라 모든 사람이 다 그렇다. 누구에게나 과정이 있다. 그 속에는 수많은 실패가 있고 고난이고 시행착오다. 과정을 모두 실패했을지라도 마지막에 실패하지 않으면 된다. 실패를 시행착오로 여기고 극복해 나가면 마지막에는 성공으로 끝맺을 수 있다.

그래서 지속적인 것이 중요하다. 성공은 지속되어야 한다. 내 삶이 끝나는 날까지 지속되고 내 자녀에게 물려주고 그 자녀 또한 지속시켜 다시 그 자손에게 물려줬으면 좋겠다. 나의 성공을 지속케 한 요소도 마찬가지다. 작은 것에 집중하고 끊임없이 열정을 가지고 진행하면 성공할 수 있다. 열심히 살면 반드시 성공하는가? 그렇지 않다 해도 열정적으로 살아야 한다. 도덕적 가치관을 가지고 열심히 살아야 한다. 사람답게 살아야 한다. 사람답게 살았지만 가난했다면 그 삶도 좋은 삶이라고 생각한다. 부자는 아니지만 잘 살았다는 것과, 잘못 살았지만 부자인 것 중 어느 것이 더 성공한 삶인가. 열정만 확보되는 삶이라면 그 무엇이라도 좋다.

### 소통하지 않으면 망한다

사업을 하기 위해서는 지식을 채우고, 속을 채우고, 육체적인 부분도 관리해야 한다. 그 후에는 함께 마음을 합치는 것이 중요하다. 내가 생각했던 이 마인드를 직원들과 나눌 수 있느냐, 그리고 그 직원들이 나하고 똑같은 이상을 가지고 꿈을 꾸느냐 하는 것이 내가 조율해야 할 부분이다. 직원이 만약 나와 다른 꿈을 꾸고 있다면 아마 무너지게 될 것이다. 이 회사가 더욱더 성장하고, 내실 있으려면, 속에서 곪지 않으려면 같은 꿈과 이상을 꿀 수 있도록 끊임없이 대화하고 소통해야 한다. 우리 몸에서 혈관이 막히는 것이 가장 큰 문제다. 혈관이 막히면 곪는다. 누워 있어야 하는 환자들도 계속 몸을 뒤척여야 등창이 생기지 않는다. 소통되지 않는 것이 가장 큰 문제다. 그래서 사장과 직원이 소통하지 않는 회사는 망한다. 동료와 동료, 부서와 부서가 서로 소통하지 않으면 문제가 된다. 그래서 아팥은 정보를 공유한다. 혈액에 산소와 영양분이 녹아 있어야 하는데, 이것이 바로 정보다. 정보의 공유는 회사에서 매우 중요하다. 막힌 사람의 문제는 자기만 안다는 데에 있다. 다른 사람과 소통할 줄 모르니 항상 자기만 옳다. 생각이 막혀 있으니, 실패할 가능성이 높다. 자신만의 생각으로는 현실에 적용되는 예가 많지 않다. 머리를 짜내어 한번 해보고 안 되면 다시 피드백하는 과정이 필요하다. 스스로 피드백을 하지 않는 사람이 있다. 이런 사람은 자신의 인생을 실패로 만들게 된다.

### 고객의 목소리를 듣는 일터

이제 기업이 고객에게 일방적으로 말하는 시대는 지났다. 고객은 기업과 진정한 대화를 원한다. 고객이 주체가 되어 기업의 방향을 결정하기도 한다. 고객의 목소리는 이제 무섭기도 하고 고맙기도 한 존재가 되었다. 그렇기 때문에 한 점 부끄럼 없는 경영을 펼쳐야 한다. 고객의 목소리를 존중하면 브랜드를 확고하게 다질 수 있다. 기업은 고객의 말을 듣고 어떻게 반응해야 하는지 고민해야 한다. 진심을 담아 일하는 기업은 사람의 목소리로 답해야 한다. 이럴 때 하는 대화는 쌍방향 역동적이며 강렬하다. 시간이 갈수록, 경제가 첨단을 달릴수록 고객의 목소리는 더욱 높아질 것이다. 아딸은 어떤 특정한 파트만이 아니라 사원 모두가 고객의 목소리를 듣고자 노력한다.

예전에 한 여고생에게 전화가 왔다.

"아딸이죠? 떡볶이 양이 정해져 있어요, 안 정해져 있어요?"

"정해져 있죠."

"그런데 왜 아줌마가 퍼 줄 때와 아저씨가 퍼 줄 때 양이 달라요?"

"누가 더 많이 퍼 주는데요?"

"아줌마가 더 많이 주고 아저씨가 적게 줘요."

나는 궁금했다. 그래서 그곳으로 달려갔다.

"사장님 1인분만 주세요."

"1인분 추가요. 사모님이 퍼 주세요."

정말 딱 두 개 차이가 났다. 많은 차이도 아니다. 20개가 1인분이면 사장님은 19개를 줘야 한다고 생각하고 사모님은 21개를 줘야 한다고 생각한 거다. 사장님에게 물었다.

"왜 이렇게 주세요?"

"한 개씩 줄여서 스무 개가 되고 그것이 열 번이면 돈이 2만 원이에요. 그게 한 달이면 60만 원이고."

물론 이론적으로는 그렇지만 그 열 번이 안 생길 수도 있다. 그런데 그분은 삶의 모든 방식이 돈에 치우쳐 있었다. 그것이 인생이라고 이마에 씌어 있다. 그걸 초등학생도 안다.

"넌 누가 좋아?"

"아줌마가 좋아요. 아줌마는 얼굴에 표시가 나요."

찾아 준 사람이 고마우니까 늘 인사를 하고 손이라도 한 번 잡아 주고 "왔니?", "고맙습니다." 하는 말들이 입에 붙어 있다. 그런데 남편은 떡볶이 하나를 어떻게 적게 주나를 생각한다. 그 마음이 손끝에서, 얼굴 표정에서, 말투에서 다 드러난다. 모든 게 달라진다. 생각 하나가 인생 전체를 바꿀 수 있다.

사모님에게 물었다.

"사모님은 왜 하나 더 주셨어요."

“하나 더 주고 싶어서요.”

“감동입니다. 앞으로도 기쁜 마음을 더 담아 장사하세요.”

고객은 떡볶이 두 개 차이에 마음이 허전하다. 마치 빈 그릇을 준 것처럼. 사모님의 따뜻함은 고객에게 기억되고 고객의 목소리로 전달된다. 진심은 통한다. 그 진심은 몸으로 표출된다. 고객의 목소리를 진심을 다해 듣고 반영할 때 기업의 진화는 계속된다.

**Q** 일상생활에서 일은 사람이 체력을 소모하여 하는 모든 활동을 말합니다. 하지만 물리적으로는 물체에 외부 힘이 작용하여 그것이 힘의 방향으로 움직일 때, 외부 힘이 물체에 일을 했다고 표현합니다. 이것은 대상이 그 힘으로부터 일을 받았다는 표현과 같습니다. 대표님이 일에 충실하고 몰두할 때 대상도 사랑으로 그 일을 받아들이는 것을 느끼시나요?

**A** 인생에 시련과 고난은 항상 있습니다. 그래서 긍정적 마인드가 필요한 겁니다. 감사하며 살아가라, 항상 기뻐하라는 것은 다 같은 말입니다. 현실은 같아도, 그 현실을 체험하는 각자의 마음은 다릅니다. 왜 같은 현실을 살면서 누구는 절망하고, 가난하다고 생각하고, 남과 비교하며 불평하는 걸까요. 긍정적인 마인드로 일을 해서 좋은 결과를 얻는다는 것은 가장 적절한 에너지를 사용함으로써 일도 내게 반응하게 한다는 물리적 이론과 일맥상통합니다.

**Q** 대표님의 인생을 보면 참 많은 일을 해 오셨습니다. 인생에서 가장 많이 일한 때는 언제인가요?

**A** 저는 제가 모르는 일을 할 때 가장 많이 일합니다. 공부를 해야 하니까요. 미용실 인테리어를 할 때도 하나하나 공부하면서 일을 했는데, 너무 행복했어요. 집중해서 무언가를 알아가는 게 재미있었어요. 저예산으로 인테리어를 하느라 바닥 공사, 페인트칠, 전기, 설비까지 모든 걸 다 감당해야 했는데, 저는 그런 열악한 상황을 즐깁니다. 이건 사실 아내와 함께한 덕분이었는데, 아내와 저는 그 일을 20일 만에 끝냈습니다. 내 옆에서 같은 꿈을 꾸는 동역자인 아내가 있었기에 가능한 일이었습니다.

**Q** 일이 인생의 터닝포인트가 된 셈이군요.

**A** 일을 하면서 내 안에 숨겨져 있던 재능과 열정을 깨달았고 성격도 활달해졌습니다. 목소리가 나오지 않을 만큼 소리를 질러 가며 물건을 팔았어요. 아무리 일해도 지치지 않았어요. 내가 성공할 수 있겠다고 생각한 건 그때인 것 같습니다. 못 할 일이 없다는 자신감이 생겼어요. 자신감은 긍정적인 마인드로 바뀌었고 어려운 일이 생길 때마다 낙천적으로 기도하며 풀었어요. 오징어, 과일가게, 학원, 중국집, 수영장, 인테리어 가게를 운영했는데, 뭐든지 한번 시작하면 잠을 안 잘 정도로 집중했습니다. 집중하면 배움이

있었어요. 기술도 프로세스도 터득하게 되었지요. 무엇이든 대충 넘어가지 않고 열심히 배운 것이 성공에 이르는 길이었습니다.



A 첫째, 꿈을 꾸라, 둘째 긍정적 마인드로 극복하라는 식의 이야기는 쉽습니다. 그런데 그런 내용을 읽었다면 그 시간부터 바로 그렇게 살아야 합니다. 자기의 삶을 돌아봐야 합니다. 나는 어떤 사람인지, 긍정적인 마인드로 살아가는지, 지금 꿈을 꾸는 사람인지, 자기 성찰을 해야 합니다. 그러나 자기를 성찰하지 않으면서 그 방법만 알고 있다면 열매로 연결되지 않을 수 있습니다.

"내 이웃이, 내게 자주 오는 고객이
이것을 먹고 건강했으면 좋겠다, 행복했으면 좋겠다 하는 생각이면
이윤 극대화를 위해 비도덕적인 일을 할 수가 없습니다.
아딸의 핵심 가치는 진심 경영입니다.
모든 것 위에 사람이 있고 건강이 있고 행복이 있습니다.
건강하고 올바른 이익을 창출하기 위해
핵심 가치를 세우고 또 세울 것입니다."

"경영의 원리는 저비용으로 극대의 이윤을 창출하는 것이라고 합니다.
그러나 재료비를 아껴 고객의 건강을 위협하고
운영비를 줄여 직원의 이익을 무시해서는 안 됩니다.
저는 그런 경영이라면 모르는 게 낫다고 말하고 싶어요.
상식과 도리, 진심이 기업의 이윤 위에 있어야 합니다."

# 03

# 사람이 우선이다

## 감정을 다스려야 사업을 한다

나는 '불'을 관리하라는 말을 자주 한다. 떡볶이를 파는 사장이 '불'을 관리하라고 하니 다들 주방의 가스 불이나 전기를 조심하라는 뜻으로 이해한다. 그러나 그게 아니다. 마음의 불을 지칭하는 것이다. 음식을 만들 때에는 가장 행복한 마음가짐을 가져야 한다. 마음을 다스리지 못한 상태에서 장사를 준비하면 분명 실수하게 된다. '아딸'의 재료는 100퍼센트 본사 물류를 통해 제공된다. 그러나 아무리 재료가 원스톱으로 준비된다고 해도 매장은 일찍부터 바빠야 한다. 재료를 동선에 맞게 체계적으로 정리해야 하고 그날의 날씨와 직원들의 컨디션까지 챙겨야 하기 때문이다. 그런데 지난밤 아내 혹은 남편과 싸웠다거나 아이 문제로 화나는 일이 생겼다면 업무에 지장을 줄 것이다. 특히 맛, 청결, 서비스에 집중해야 하는 '아딸'의 경우 불 관리가 제대로 되지 않았을 때에는 그날 하루 매출에 큰 영향을 미칠 수 있다. 점장이 분노를 잘 관리하면 직원들이 행복하고 직원들은 고객들을 행복하게 해 준다. 그렇게 하기 위해 감정을 다스려야 한다.『화』의 한 대목을 소개한다.

"감자를 삶기 위해서는 감자를 냄비에 넣고 뚜껑을 덮고 불 위에 올려놓는다. 그러나 아주 센불이라 하더라도 5분 만에 꺼 버리면 감자가 제대로 익지 않는다. 감자를 충분히 익히기 위해서는 적어도 15분이나 20분쯤 가열해야 한다. 그리고 냄비 뚜껑을 열면 잘 익은 감자의 향기로운 냄새가 피어난다. 화도 감자와 마찬가지다. 시간을 들여서 충분히 익혀야 한다. 처음에는 화도 날감자와 같다. 우리는 날감자를 그대로 먹지 않는다. 화는 우리가 즐길 만한 것이 아니지만, 잘 처리하는 방법을 배우면, 다시 말해서 감자를 익히듯이 잘 요리하는 방법을 배우면, 그 부정적인 에너지가 이해와 애정이라는 긍정적인 에너지로 변할 것이다."

명심하라. 내가 쉽게 화를 내는 성미라면 화를 다스려 부정적인 에너지를 긍정적인 에너지로 바꾸기 전까지는 창업하지 마라. 이미 창업을 목전에 둔 사람이라면 마음속 불 관리를 통해 긍정적인 사람이 먼저 되도록 다스려야 한다.

# 1장

# 기업가의 마인드

　기업은 사람을 소중히 여겨야 한다. 일반적으로는 월급을 많이 주면 다 된다고 생각하기 쉽다. 그러나 사람을 내 사람으로 만드는 것은 돈이 아니라 마음을 써야 한다.

　한 매장에 아이의 생일을 맞은 직원이 있었다. 사장은 고민하기 시작한다. 저녁 11시까지 근무를 마치고 간다면 12시가 넘어서 도착하겠고 아이의 생일은 지나가 버리게 된다. 사장은 일찍 보내 줄 궁리를 하기 시작했다. 그런데 한 사람을 행복하게 해 주기 위해 다른 사람이 희생을 해야 하는 상황이었다. 그때가 마감 시간이라 한 사람이 빠져나가면 다른 사람이 그만큼 고생하게 된다. 아이의 생일을 챙겨 줄 수 있게 해 줄 방법을 계속 생각한 사장은 미리 2만 원짜리 케이크를 하나 사다 놓고 11시에 일이 끝나 돌아가는 직원의 손에 케이크와 택시비 2만 원을 쥐여 주었다. 아이는 엄마가 12시가 넘어야 도착한다는 걸 알기에 기대도

하지 않고 자고 있었다. 엄마는 아이를 깨워서 케이크에 촛불을 켜고 생일 축하 노래를 불렀다. 엄마는 아이가 행복해하는 모습에 울음을 터뜨리고 말았다. 그 직원에게는 아이와 부둥켜안고 울었던 그 생일날과 사장님의 얼굴이 잊혀지지 않을 것이다. 결과적으로 사장은 4만 원으로 사람의 마음을 산 것이다.

손님이 없으면 에어컨을 꺼 놓는 사장이 있다. 심지어 손님이 없는 시간에는 조명까지 끄는 사장도 있다. 내가 월급 주는 사장이니까 직원들은 아무래도 상관이 없다는 생각이다. 그런 마인드를 가진 사장이라면 그 직원들이 그의 사람이 되기는 어려울 것이다.

기업가 마인드를 갖고 있는 사람은 하나로 둘을 이룰 수 있는 사람이다. 그러려면 돈이 있어야 된다고 생각하겠지만 돈보다 중요한 것이 사람이다. 하나를 가지고 둘을 이루기는커녕 그 하나조차 망한 사람은 꿈이 없었기 때문이다. 준비를 하지 않았기 때문이다. 조사를 하지 않고, 제대로 알아보지 않고 말 그대로 '필 받아서' 움직인 것이다. 하나를 가지고 먹고사는 사람은 거기에 안주하는 사람이다. 그런데 하나로 둘을 만드는 사람은 꿈이 있는 사람이다. 그 두 개를 만드는 데 제일 중요한 것은 사람이다.

그렇다면 어떤 사람을 키워야 할까. 마인드가 좋은 사람을 키워야 한다. 점장급을 키워야 한다는 거다. 그러면 점장은 어떤 사람이어야 하는가. 현금을 만져도 현금에 손대지 않는 사람, 자기 직원처럼 팀을 관리할 수 있는 사람, 맛과 청결, 그리고 서비스 관리가 일관적인 사람, 자기 컨디션에 따라 움직이는 사람이 아니라 늘 변함없는 사람, 까탈스러운 고

▶ 여의도 국회의사당점에서 오랜만에 떡볶이를 팔아 봤다. 현장에서 장사하는 것은 여전히 신나고 재미있는 일이다.

객이 있더라도 극복해 나가는 법을 배울 수 있는 사람이어야 한다. 그 한 사람이면 충분하다.

## 손오공의 분신술, 직원 키우기

나는 1호 점에 이어 2호 점을 냈을 때 두 지점을 동시에 관리할 수 없어서 나처럼 해 줄 수 있는 다른 사람이 필요했다. 나처럼 해 줄 수 있는 사람은 누가 만드는가. 바로 나다. 그러므로 내가 먼저 그런 사람이 되어야 한다. 리더십은 존경심에서 나오기 마련이니 덕을 먼저 쌓아야 한다. 기업을 이룰 사람은, 성공할 사람은 구멍가게 마인드 대신 큰 꿈을 꾸어야 한다. 기업을 이뤘기 때문에 기업가 마인드를 갖는 것이 아니라 기업을 이룰 사람이므로 기업가 마인드를 갖는 것이다. 기업가 마인드는 기업을 이루면 절로 생기는 것이 아니다.

오래전 한 점주님이 이런 이야기를 했다.

"80만 원 매출만 오르면 나도 이렇게 쫀쫀하게 안 살아요."

80만 원 매출이면 기름 오래 안 쓰고 인상도 펴고 어제 팔다 남은 걸 팔지도 않는다는 얘기다.

"좋습니다. 플래카드 하나 만들어 드릴 테니까 붙여 놓고 장사하세요. 동네 사람들, 80만 원 매출 만들어 주세요. 그때부터 인사하면서 여러분 맞이하고 남은 재료 섞어 쓰지도 않을게요."

남에게 바라기 전에 내가 먼저 좋은 마인드를 가지고 그 후에 나와 똑같은 사람을 만드는 것이 사업이다. 그런데 보통은 내가 모든 걸 다 할 수 있을 것처럼 생각한다. 그것부터가 교만한 것이고 거기서부터 잘못이 시작된다. 나는 부족한 사람이다. 그렇기 때문에 나는 채워야 한다. 연구해야 한다. 책도 더 많이 읽어야 한다. 나는 개선되어야 하고 겸손해져야 한다. 사업은 혼자 하는 것이 아니다. 사람들과 함께하는 것이다. 작은 생각 하나가 자신의 모든 움직임을 바꾼다. '아딸'의 경우 한 사람이 책임질 수 있는 하루 매출은 25만 원에서 30만 원 선이다. 만약 50~60만 원 매출을 올려야 한다면 혼자는 절대 못한다. 다른 한 사람이 있어야 한다. 이 세상은 자기 혼자 살아갈 수 없다. 만약 매출이 80만 원이 되어야 한다면 세 명이 함께 일해야 한다. 100만 원이 넘어간다면 네 명이 있어야 한다. 나를 위해서라도 다른 사람이 꼭 필요하다. 내가 찾은 또 다른 나는 두 번째 가게를 열 때 내가 옆에 없어도 직원 관리, 고객 관리, 맛 관리를 해 줄 것이다. 그렇게 두 번째 가게를 열고 나면 두 번째 가게가 세 번째 가게를 열고 다시 네 번째 가게가 만들어지는 것이다. 사업은 그렇게 성장해 가는 것이다.

어떤 분야든 누구나 그렇게 할 수 있다. 그런데 왜 첫 번째 가게에서 두 번째 가게를 만들지 못하는가 하면 나 같은 직원을 구하지 못해서다. 혹시 만들었다고 하더라도 실패할 가능성이 높다. 나는 꼭 아딸에서 매장 하나를 오픈하면 그것에 힘입어 두 번째 매장을 오픈하라고 조언한다. 두 개를 만들 생각을 하면 하나를 실패할 위험도 줄어든다. 직원이라든지 고객이라든지 모든 것에 열정을 쏟을 수밖에 없으니까. 두 번째 가게를 열려면 돈을 벌어야 하고 내 사람을 만들어야 한다는 두 가지 숙제를 항상 염두에 두어야 한다.

# 2장

# 자신도 모르는 자신만의 가치 찾기

어떤 사람이 먼 길을 떠나면서 자신의 종을 불러 재산을 맡겼다. 그는 각자의 능력에 따라 한 사람에게는 돈 다섯 달란트를 주고, 다른 한 사람에게는 두 달란트를 주고, 또 한 사람에게는 한 달란트를 주고 떠났다. 다섯 달란트를 받은 사람은 곧 그 돈을 이용하여 다섯 달란트를 더 벌었다.

두 달란트를 받은 사람도 그와 같은 방법으로 두 달란트를 더 벌었다. 그러나 한 달란트를 받은 사람은 그 돈을 땅에 묻어 두었다. 얼마 뒤에 주인이 와서 그 종들과 셈을 하게 되었다. 다섯 달란트를 받은 사람이 말했다.

"주인님, 주인께서 저에게 다섯 달란트를 맡기셨는데 보십시오. 다섯 달란트를 더 벌었습니다."

"잘하였다. 너는 과연 착하고 충성스러운 종이다. 네가 작은 일에 충성을 다했으니 이제 내가 큰 일을 너에게 맡기겠다. 자, 와서 네 주인과 함께 기쁨을 나누어라."

다음 두 달란트를 받은 사람도 말했다.

"주인님, 두 달란트를 저에게 맡기셨는데 보십시오. 두 달란트를 더 벌었습니다."

"잘하였다. 너는 과연 착하고 충성스러운 종이다. 네가 작은 일에 충성을 다했으니 이제 내가 큰 일을 너에게 맡기겠다. 자, 와서 네 주인과 함께 기쁨을 나누어라."

그런데 한 달란트를 받은 사람은 이렇게 말했다.

"주인님, 저는 주인님께서 심지 않은 데서 거두시고 뿌리지 않은 데서 모으시는 무서운 분이신 줄을 알고 있었습니다. 그래서 두려운 나머지 저는 주인님의 돈을 땅에 묻어 두었습니다. 보십시오, 여기 그 돈이 그대로 있습니다."

그러자 주인은 그 종에게 호통을 쳤다. "너야말로 악하고 게으른 종이다. 내가 심지 않은 데서 거두고 뿌리지 않은 데서 모으는 사람인 줄로 알고 있었다면 내 돈을 쓸 사람에게 꾸어 주었다가 내가 돌아올 때에 그 돈에 이자를 붙여서 돌려주어야 할 것이 아니냐?"

이 이야기는 성경에 나오는 달란트 비유다. 나도 처음에는 돈을 적게 주니 일을 시작할 엄두가 나지 않았으려니 했다. 그러나 달란트는 상당한 가치의 화폐 단위였다. 정확한 액수는 의견이 분분하나 원래 달란트는 무게를 가늠하는 단위로 34킬로그램 정도 된다고 한다. 화폐로 사용했던 것은 금이나 은이었으니 한 달란트만이라고 해도 가치는 어마어마한 것이다. 한 달란트는 보통 사람이 평생을 벌어도 모으지 못했을 정도의 가치였다고 한다. 나는 부모님께 받은 재산이 없으니까, 난 학력이 부족하니까, 난 사람들 앞에 나서는 걸 부끄러워하니까 지금 이대로 사는 게 도와주는 것이라고 자기 자신을 폄하하는 것은 바로 한 달란트 묻어버린 사람과 별반 다르지 않다. 내가 한 달란트밖에 못 받았다고 해도 자기도 모르는 자신만의 가치가 분명히 있다. 내가 믿은 바에 확실히 거하고, 할 수 있다는 강한 믿음으로 사업을 추진해 나간다면 한 달란트를 가지고도 열 달란트를 거둘 수 있을 것이다. 혹시 이런저런 상황에 처해 자기의 달란트를 묻어 놓고 있지는 않는지 돌아보라.

# 3장

# 절차탁마切磋琢磨, 나를 먼저 바꾸라

옥을 가공하려면 원석에서 옥을 절단하고 원하는 모양으로 옥을 썰어내고 옥을 모양대로 쪼아 낸 후 완성된 옥을 갈고닦는 단계를 거친다. 이를 절차탁마라고 한다. 만약 소형 승합차를 한 대 가지고 길거리 장사를 한다면 무엇을 준비해야 할까. 첫째는 음식 맛을 개발해야 한다. 어떻게 하면 더 좋게 보일까도 궁리해야 한다. 얼마 전에 길거리에서 통닭 장사하시는 분이 요리사 모자에 호텔 가운을 입은 걸 봤다. 무슨 대회에서 1등 했다는 광고도 보였다. 그는 사업이 잘못되어 거리로 나온 호텔 요리사였다. 사업하다가 잘못될 수도 있다. 인생 어떻게 예상대로 굴러가기만 하겠나. 실패할 수도 있다. 그는 다시 일어날 수 있을 것이다. 예전에 하다가 잘못되었지만 다시 하고 싶다는 것이다. 자부심이 있으니까. 먹어 보니 역시 맛이 달랐다. 생각이 다르니 맛도 다른 것이다. 지금은 어쩔 수 없이 길거리에서 장사하지만 말이다. 본죽 사장님도 포장마

차부터 시작했고 나는 계단 밑에 살았던 사람이다. 내가 계단 밑에서 살았던 시절을 지금 저 사람이 길거리에서 보내고 있다는 생각이 들었다. 지금 꿈을 꾸고 있는 저 사람은 뭔가를 이뤄 낼 것이다. 두 번째 가게에 대한 꿈이 있는 사람은 첫 번째 가게의 성공을 위해 많은 인내와 노력을 기울이게 되어 있다.

## 황야의 혈투

나는 점주와 정기적으로 싸운다. '아딸'의 기본 방침을 따르기만 하면 싸울 이유가 없다. 점주는 일단 매장을 오픈하면 자신의 것이라고 마음대로 다루고 싶어 한다. 그런데 브랜드의 일관성은 차치하고 청결과 맛에 대해 고객과 약속을 지킬 수 없다면 문제는 심각하다. 예외 조항을 하나씩 허용하다 보면 프랜차이즈에서 가장 중요한 원칙을 어기게 된다. 또한 피할 수 없는 위기가 닥쳐 목표를 달성하는 데 삐걱댈 수 있다. 아무리 본사의 시스템이 완벽하고 노하우와 경험이 전수되었을지라도 점주의 방만함이 일을 그르칠 수 있다. 이럴 때 본사와 점주는 싸움을 할 수밖에 없다. 그러나 이 피할 수 없는 장애물을 극복하면 둘 사이의 관계는 더욱 돈독해지고 팀은 강해진다. 나는 본사의 원칙을 자꾸 어기는 점주에게 새롭게 제안한다. 다른 편법을 쓰지 않고 '아딸' 식으로만 장사해 보라고 그 후에 다시 한번 점검해 보자고 한다. 그리고 점주 눈에 보이도록 목표를 정립한다. 그 점포를 본사의 슈퍼바이저가 통으로 맡아 원칙에 맞게 얼마간 장사를 해보면 그 점장은 그동안의 실패 이유를 알게 된다. 많은 욕심이 일을 그르칠 수도 있다는 것을 알게 된다. 성공으로 가는 길을 막고 있는 장애물에 대한 이해를 점주와 본사가 공유함으로써 지금보다 나은 결과를 얻을 수 있다. 위기를 극복한 점주는 삶의 교훈과 긍정적인 사고까지 덤으로 얻게 된다.

손자병법에 '도천지장법'이라는 것이 있다. 기업이 제대로 서기 위해서는 기술과 소비 트렌드를 이해하고, 시장과 소비자를 이해하고, 경쟁사와 자사의 장단점을 이해하고, 법적·환경적 규제와 상황을 이해하는 것을 말한다. '아딸'이 일하는 스타일과 닮아 있다. '아딸'이 효율적이고 효과적으로 경영할 수 있는 이유는 사소한 것을 무시하지 않는 자세에 있다. '아딸'은 가장 혁신적인 기술과 서비스를 받아들임으로써 항상 변하고 있으며 점주와 직원, 그리고 고객의 요청을 원칙에 맞게 대응하고 있다.

## "나는야, 아이디어 왕!"



A 지금 생각해도 기발한 아이디어가 있었습니다. 떡볶이를 깨끗하게 만들었다는 것, 오픈 주방을 만들었다는 것, 모든 조리 과정을 표준화했다는 것, 기름진 튀김에 허브를 넣었다는 것, 순 식물성 기름으로 튀김을 했다는 것, 고춧가루로 떡볶이장을 만들었다는 것, 모든 식재료에서 방부제를 뺐다는 것, 분식집에서 탕수육을 팔았다는 것, 세트 박스를 제작해 분식도 선물할 수 있게 만들었다는 것이죠. 이 중 한 가지라도 시행하지 않았다면 지금의 '아딸'은 없을 겁니다. 장사를 하면서 고객들이 가장 좋아한 것은, 제가 꼬마 손님들 이름을 기억해 불러 줄 때였습니다. 처음 분식집을 오픈한 2000년 겨울, 가게 앞에 어묵통을 걸어 놓고 꼬마 손님들을 상대로 어묵 국물을 나눠 줄 때, 한 사람 한 사람 이름을 물어본 후, 다음에 찾아오면 이름을 불러 주었습니다. 아이들은 이름을 불러 줄 때마다 "와! 아저씨 제 이름 어떻게 아세요?"라며 깜짝 놀랐습니다. "귀중한 손님이시니까 이름을 알지."라는 제 대답에 아이들은

대단한 고객이 되었다는 생각에 어깨를 으쓱하더군
요. 이 아이들이, 그리고 그 아이들 부모님들이 저희
가게를 최고로 여겼기에 맛집 방송에도 출연할 수 있
었고 지금의 제가 있을 수 있었습니다.



A 하늘 아래 새로운 것은 없습니다. 모든 아이디어는 지독한 관심과 열정, 그리고 고객을 대하는 진심에서 나옵니다.



A 저도 아이디어를 많이 내고 있고, 직원들에게도 그렇게 하라고 종용하는 편입니다. 그러다 보면 시행착오도 많죠. 단순히 튀는 아이디어 전략은 실패할 수 있습니다. 경험도 없고, 미래에 대한 예측도 못하니까요. 하지만 그것을 실패라고 생각하지 않습니다. 그

것은 시행착오이고, 개선되면 옥석이 가려질 수 있어
요. 처음부터 100점짜리를 기획한다는 것은 쉬운 일
이 아닙니다. 100점짜리라고 생각해도 실천해 보면
30점짜리에 불과한 경우도 많습니다. 실패를 줄이려
면 그만큼 경험에 집중해야 합니다.



A 마음이 안 맞으면 일을 하기가 어렵지요. 앞에서도
얘기했듯, 떡볶이를 팔 때 남편은 어떻게 하면 절약해
서 돈을 더 벌까, 아내는 어떻게 해서 사람들에게 떡볶
이를 더 줄까 고민한다는 사례를 종종 얘기하는데요.
부부라도 이렇게 생각이 다릅니다. 같은 생각, 같은 꿈,
같은 비전, 같은 마인드를 갖는 건 굉장히 중요합니다.
내가 아이디어를 낼 때 같은 마인드를 가진 동료를 만
난다면 아이디어를 현장에 적용하는 일은 그리 어렵지
않습니다. 또한 자기가 먼저 실천하는 게 중요합니다.
기업에 나만의 아이디어를 적용하려면 나부터 그 아이
디어를 실천하고 적용해야 합니다. 그러면 조직은 자연
스럽게 따라오게 됩니다.

A 일을 잘하는 사람이란 소통을 잘하는 사람입니다. 일은 혼자 할 수 없지요. 사람과 사람이 엮이는 것이 삶이자 일입니다. 저마다의 영역을 마스터한 후 다른 영역과 전문가로서 소통하는 것, 그것이 제가 바라는 인재상입니다.

"초심을 잃지 않도록 조심해야 합니다.
한 박자 늦게 누리는 것이 덕을 세우고 사람을 옆에 두는 길입니다.
동반 성장하지 않으면 누가 내 사람으로 남아 있겠습니까.
사람이 변했다는 말만 남을 때, 거기서부터 사업이 망가집니다."

04

# 창업과
# 운영의
# 절대 원칙

# 1장

# 창업의 6원칙

2000년 '자유시간'으로 가게 경영을 시작하면서 오늘까지 나는 숱한 시행착오를 겪었다. 창업을 앞둔 사람들이라면 아무리 여러 가지를 신중하게 고민한다 해도 창업의 성공과 실패를 경험하지 않는 이상 쉽게 와 닿지 않을 것이다. 나는 그동안 성공과 실패의 과정을 통해 반복되는 원칙을 발견했고 그것을 잣대로 경영의 원칙을 삼았다.

## 1. 수익성을 따져 보라

요식업에서 수익성이 불안해서 선택하는 것 중 하나가 배달이다. 배달 업종이나 배달 특성에 맞는 객 단가라는 것이 있다. 일반적으로는 배달을 한다고 하면 주문 금액이 최소 1만 원 이상은 되어야 한다. 한 번 움직일 때 1만 원 이상 되어야지 그보다 떨어지면 인건비와 운영비가 더 많이 들어가는 셈이다. 그렇다면 배달 업종으로 지금까지 잘 유지되고 있는 게 무엇인지 생각해 보자.

예를 들어 대표적인 배달 음식인 피자의 경우 6,900원이니 7,900원 하는 피자는 배달을 하지 않는다. 주문 금액이 보통 1만 5000원 이상 되는 피자와 한 마리에 1만 5000원 이상인 치킨은 배달을 한다. 매출액이 저가인 경우는 처음부터 배달을 생각하지 말아야 한다.

## 2. 본사의 수익 구조를 살피라

요즘 프랜차이즈 본사를 만들겠다는 사람들이 많다. 프랜차이즈 본사는 어디서 수익을 낼까.

첫째는 체인점이 모집되면 가맹 계약을 하는 순간부터 수익이 발생한다. 체인점 계약이 멈춰지고 난 다음에는 어떻게 하겠는가. 그다음부터는 어디서 수익을 만들어 낼 것인가. 만약 그 수익 구조가 준비되지 않았다면 이 회사는 체인점 가맹 계약이 멈추는 날 망할 수밖에 없다. 거꾸로 체인 본사가 어디에서 수익을 내고 있는지 예비 창업자들은 신중하게 고려해 봐야 한다. 체인 본사가 잘못되면 체인점 점주의 의사와 상관없이 전체가 잘못된다. 어떤 체인 본사는 의도적으로 치고 빠지는 데 이골이 나 있다. 본사의 수익성이 좋지 않으면 창업자들의 체인점 가맹이 멈추는 시점부터 자금난을 겪게 된다. 사업이 지속될 수 없는 요소를 이미 갖고 있는 셈이다. 그렇기 때문에 체인 본사에 대해 자세히 알아볼 필요가 있다. 체인 본사의 재무 구조와 수익 구조를 파악하는 것은 이 회사가 나를 끝까지 밀어 줄 수 있느냐 하는 문제와 직결된다. 본사 사장의 마인드도 매우 중요하다. 매출이 올라가고 돈이 모여서 이제 좀 된다고 생각했을 때 그때가 중요하다. 그때 사장의 마인드가 회사의 미래를 결정한다. 회사에 모여 있는 이사진이나 직원들의 성향이 건강하고 수익성이 건전하면 오래간다. 수익 구조가 건강한데 거기서 그만둘 사람은 드물 것이다. 그런 정보를 확인해 보고 그동안 회사와 체인점주들 간의 고발건이나 불만, 재판 기록을 살펴본다. 정보 공개서를 확인해 보면 알 수 있다. 가맹점 수만 불리고 관리에 소홀한 회사도 있다. 가맹 사업이 급속도로 성장한 다음 수입이 줄어드는 시점이 되면 전체를 매각해서 정리하는 사람도 있다. 회사의 성향과 수익 구조와 재무 건전성 정보를 정확히 파악해 볼 필요가 있다.

### 3. 최소 2년 동안의 검증 시간을 가지라

일반적으로 새로운 브랜드가 탄생하면 2년 정도의 검증 기간을 거쳐야 한다. 내가 만든 아이디어라도 시행착오는 반드시 겪게 되어 있다. 그 시행착오를 본인이 직접 겪어 보고 나서 가맹 사업을 시작해야 한다. 새로운 브랜드를 선택한 점주들에게 직접 겪게 해서는 안 된다. 체인 본사도 새로운 브랜드를 만들어 냈으면 최소 2년 정도는 직접 해 봐야 한다. 마찬가지로 가맹점주들도 새 브랜드가 눈에 띄었다면 최소 2년 정도는 지켜보아야 한다. 아무리 아이디어가 좋다고 해서 섣불리 마음을 빼앗겨서는 안 된다. 매력적으로 보이는 새 브랜드라고 해도 6개월에서 1년 사이에 순식간에 사라지기도 하기 때문이다. 대표적인 것이 찜닭이다. 전국에 엄청난 숫자로 생겨났다가 채 2년도 못 가 사라졌다. 불닭은 6개월도 안 걸렸다. 계절에 영향을 받지 않고 수익성이 뚜렷해야 한다. 수익성이 좋으면 폐점률도 떨어지기 마련이다. 검증 기간을 통해 체인 본사의 상황도 확인해 볼 수 있다. 사람은 미래를 예언하지 못한다. 심지어 아이디어를 낸 사람도 그것이 어떻게 될지 장담할 수 없다. 그러니 무작정 결정하는 것은 옳지 않다. 2년 전부터 지금까지의 추이를 살펴보는 것도 괜찮다. 그 브랜드 또는 그 업종이 생겨서 2년이 지났음에도 여전히 경쟁력이 있고 충분한 가치가 있다고 생각되면 시도해 볼 수 있다. 그러나 당장 만들어진 것에 대해서 내가 실험해 볼 필요는 없다. 내 돈은 신중하게 사용해야 한다.

## 4. 지역성이 없는 업종을 찾으라

요식업 중에는 특정 지역에서만 호황을 누리는 메뉴가 있다. 이것이 전국으로 확산되면서 어려워진 사례를 어렵지 않게 찾을 수 있다. 부산을 대표하는 음식 밀면이 그 대표적인 사례다. 밀면은 오랫동안 부산에서 사랑받아 왔다. 계절도 타지 않는다. 부산에 가 보면 수익성도 괜찮은 것 같다. 그런데 서울이나 다른 지방에서는 성공하지 못한다. 거기서는 왜 수익이 나지 않는 것일까. 특정 지역에서만 수요가 발생하는 품목이기 때문이다. 만약 이런 유사한 업종이 전국적으로 확산되고 있다면 적어도 2년 정도는 지켜봐야 한다. 그 이후에 창업성을 확인해 볼 수 있다. 안흥찐빵이 전국으로 사업을 확장하면서 주춤해진 것도 그렇고, 호두과자 전문점도 마찬가지였다. 특정 지역에서는 좋은 매출과 충분한 경쟁력을 가지고 있음에도 전국으로 퍼졌을 때는 실패하는 경우가 흔하다. 한라봉 초콜릿은 제주도에서만 잘 팔린다.

## 5. 엄격한 자기 기준을 세우라

업종을 선택할 때 기준점은 결국 스스로 만들어 가야 한다는 것이다. 그 시장을 유심히 바라보고 분석하면서 알게 된 것들이 기준을 만들어 간다. 스스로에게 기준이 될 수 있는 것들을 만들어 놓을 필요가 있다. 사람들이 묻는다. 그러면 이 모든 것이 다 잘 부합되어 어긋나는 것이 하나도 없어야 되느냐고. 그렇다. 창업에서 성공은 실패보다 훨씬 어렵고 드물다. 성공하는 사람이 실패하는 사람보다 적은 이유는 그만큼 까다로운 조건을 다 비껴 왔다는 것이다. 예를 들어 나머지는 다 괜찮은데 한 가지가 안 되는 경우가 있다. 계절도 타지 않고 지역성도 없고 본사도 괜찮다. 그런데 수익성이 좋지 않다면? 메뉴가 너무 많다든지 뭔가 문제가 있을 것이다. 이렇게 단 한 가지만 잘못되어도 수익성이 떨어지게 되고 그러면 결국 본사도 발을 빼게 된다. 그들도 사업이 잘될 때나 열정을 가지지 벌어 놓은 돈을 다시 투자하게 된다면 발을 빼기 마련이다. 하나가 흔들리면 복합적으로 문제가 생기면서 수습이 어려워진다. 아주 작은 것 하나에도 신중하게 고민할 필요가 있다.

## 6. 창업은 반드시 성공해야 한다

창업은 망하면 안 된다. 반드시 성공해야 한다. 천재지변이 일어나도 망하면 안 된다. 내 사업 자금이 중요하고, 실패했을 때 내 가족이 잘못될 수 있으니 반드시 성공해야 한다. 역경도 있고 손쓸 수 없는 재난이 터지기도 한다. 그럴 때 어떻게 대처해야 하는가. 매장의 가치를 올려야 한다. 음식 맛을 좋게 하고 음악을 틀고 청소에 신경을 쓰고 유니폼을 입게 해서 가치를 올려야 한다. 맛을 관리하는 것은 주방장의 솜씨와 재료의 질이다. 그리고 배달 서비스와 청결 관리. 모든 시스템을 갖추고 광고를 하면서 좋은 맛, 가격, 서비스를 홍보해야 한다. 매출을 올리기 위해서는 원칙을 점검하는 일이 중요하다. 서비스와 청결, 재료의 질을 다시 점검하는 것이다. 원칙에 어긋나는 점은 과감히 버리고 투자도 과감히 해야 한다.

# 2장

# 운영의 4원칙

창업 요건의 준비가 잘 갖춰졌다. 그러면 무조건 장사가 잘될 것인가. 그렇지 않다. 선택한 업종이 순수익을 만들어 내려면 운영하는 문제가 남아 있다.

## 1. 업종에 맞는 자리를 찾으라

첫째는 그 업종에 맞는 가게 자리가 있어야 한다. 소규모 판매업의 종류는 아주 많다. 그 업종의 가게 자리를 찾는 것이 중요하다. 입지 여건이 조금 떨어지는 곳을 잡아도 내가 잘하면 된다고 생각하는 경우가 있다. '내가 좀 더 펴 주면 되지', '인사도 잘하고 친절하게 하면 오지 않겠느냐'는 생각에 B급, C급 자리를 선택하게 되면 그만큼 에너지를 소모하게 되고 매출 올리기도 쉽지 않다. 실패할 확률은 훨씬 높아진다. 그런 B급이나 C급 자리에서는 어떻게 하나. 돈도 없고 여러 가지 여건상 할 수 없이 선택한 자리라면, 그것은 장사가 잘 안 될 것을 미리 알면서 선택한 것이다. 그러면 그 부족한 부분을 내가 얼마나 채울 수 있느냐가 중요하다. 어떤 업종은 서울 근교 골짜기에서 성공하기도 한다. 이렇게 먼 곳인데 사람이 찾아올 수 있을까 싶지만 막상 가서 보면 사람들이 바글바글하다. 산골짜기까지 차를 몰고 올 만큼 장소에 부합되는 업종이었기 때문이다. 테이크아웃으로 포장 매출을 올리는 곳은 항상 대중의 눈에 노출되는 곳에 있어야 유리하지만 회식 개념의 음식점은 멀리 떨어져 있어도 괜찮다. 음식이 맛있고 푸짐하고 사람을 유인하는 경쟁력이 있다면 조금 멀어도 간다. 하지만 빵이나 떡볶이는 계획적으로 사는 경우는 드물다. 대개 즉흥적으로 구매하게 된다. 횡단보도 앞에 서 있다가 건너편 빵집 간판을 보고 사 먹으러 가야지 생각하고, 길을 가다가 자기도 모르게 냄새 때문에 떡볶이집 문을 열고 들어가는 경우도 있다. 즉흥적인 구매 결정이 매출의 상당액을 차지한다. 그렇다면 입지가 노출되어 있어야 한다. 동네 깊숙이 들어가 간판이 보이지 않는 곳과 쉽게 눈에 띄는 길목에 자리한 곳의 매출은 확연이 다르다. 매출을 만들어 주는 것은 사람이고 사람이 움직이는 길목이 곧 돈이 움직이는 길목이다. 물론 그렇지 않은 경우도 있다. 버스나 지하철을 타야 하는 사람은 냄새나는 음식을 사지 않는다. 떡볶이나 튀김은 버스나 지하철에서 내려 집으로 걸어가는 초입 횡단보도 앞 코너에서 구매할 확률이 높다. 무조건 사람이 많다고 장사가 잘되는 것도 아니다. 그러면 너도나도 신촌에서 창업을 할 것이다. 그런데 신촌의 간판은 수시로 바뀐다. 많은 사람이 돈을 벌어서 명동이나 신촌으로 가야겠다는 꿈을 꾸지만 한 번에 날리기 쉽상이다. 업종마다 입지에 맞는 가게 자리가 있는 것이다. 어떤 분이 신촌의 먹자골목에 호프집을 냈다. 음식점이 즐비한 곳에 유일하게 호프집이 하나 있으면 독점을 하겠다고 생각한 것이다. 그런데 금방 없어졌다. 음식점들은 저녁 10시까지 영업을 하고 문을 닫는다. 그런데 호프집은 밤 10시부터 새벽 2~3시까지 해야 하는 업종이다. 주변 가게들이 문을 닫고 사람들이 사라진 깜깜한 골목에서 독점해 봤자 소용이 없다. '아딸'을 하기 좋은 곳은 아파트 입구, 횡단보도 앞, 빵집 옆이다.

**둔촌 본점은 왜 실패했나. '입지의 중요성'**

아파트 대단지였다. 근처에 대형 슈퍼마켓이 한창 인테리어 공사를 하고 있었다. 유동 인구 2만 명이라고 했다. 할인 서점도 있어서 사람들의 왕래가 잦다고 했다. 근처에는 한국체육대학이 있었다. 체대 학생들이 떡볶이를 먹으면 10인분씩은 먹을 거라는 말도 있었다. 입지 조건과 주변 여건에 혹해서 떡볶이 가게를 차렸다. 황금자리 상가 2층 80평 가게가 그렇게 시작되었다.

2층이라는 것이 실수였다. 사람들이 오지 않았다. 그래서 배달도 다니고 메뉴를 다양하게 만들어 보는 등 별짓을 다했다. 그러면서 냉혹한 현실을 혹독하게 체험했다.

고모님이 하시던 이대점에서 빠져나와 둔촌동에 본점을 내면서 그렇게 명확히 안 되는 현실을 겪다 보니 '아딸'이 안 될 모양이라는 생각도 들었다. 3년 동안 둔촌동 본점의 시련은 아직도 어제 일처럼 생생하다.

80평 본점은 파리를 날리고 있었지만 이대점은 여전히 호황이다. 문산 아딸점도 있었는데 거기도 장사가 잘되었다. 고모님의 이대점은 반지하 가게였지만 그곳 특성에 맞게 잘했고, 처남의 문산점은 장인어른이 30여 년간 튀김집을 해

온 곳이어서 자릿값을 톡톡히 봤다. 그런데 둔촌 본점은 2층이라는 이유로 고전한 것이다. 그래서 다음에 자금을 마련하면 꼭 1층으로 가야겠다고 다짐했다.

접근성이 떨어지는 2층의 한계를 벗어나 보려고 우리 가족은 온갖 시도를 다했다. 메뉴도 수십 가지를 추가하고 수타 돈가스를 만들겠다고 손으로 돼지고기를 두드리기도 했다. 뭔가 달라야 한다는 생각에 숱한 고민을 했다. '아딸' 브랜드 하나 가지곤 안 되겠다 싶어서 다른 것을 생각하기 시작했다. 그중 하나가 산소 카페다. 위기에 처해 가장 힘들었을 때 낸 아이디어였다. 산소가 있는 공간에 대한 아이디어가 오늘 우리 회사의 이름이 되었다. 오투스페이스.

당시는 웰빙 붐이 한창이었다. 웰빙 요구르트 전문점이 나오는 등 웰빙 음식들이 각광을 받았다. 웰빙 음식이 있다면 웰빙 공간은 없느냐 하는 생각에 산소 공간의 아이디어를 냈다. 설악산에서만 좋은 공기를 마시는 것이 아니라 카페에서 좋은 공기를 호흡할 수 있게 한다는 생각이었다. 봄이면 황사가 심하고 늘 매연에 찌든 도시에서도 이 카페에 오기만 하면 깨끗한 산소를 마실 수 있다는 개념이었다. 산소 발생기를 옥상에 설치하고 배관을 연결해서 천정과 벽면에서 산소가 품어져 나오게 만들었다. 카페에서는 절대 금연에 따로 흡연실도 없었다. 생각해 보면 흡연실을 만들었으면 더 잘되었을 것 같다. 지금 운영되고 있는 플라워 카페에는 흡연실이 따로 있다. 외대 근처에 있었던 산소 카페는 위치가 좋아서 흡연실이 없었는 데도 장사가 잘되었다. 중요한 건 역시 가계의 위치다.

## 2. 업종에 맞는 원칙을 찾아 극대화하라

그 업종에 맞는 원칙을 세워서 그 원칙을 극대화시켜야 한다. 음식점은 맛, 청결, 서비스가 중요하다. 옷가게는 멋, 품질, 서비스다. 수영장은 물, 강사진, 시설이다. 업종마다 각기 원칙이 있다. 그 원칙조차 만족시키지 않으면서 매출 상승을 기대하는 건 잘못이다. 세 가지 기본 중에 하나라도 잘못되면 무조건 무너지게 되어 있다. 업종을 선택하는 요소도 중요하지만 운영의 원칙도 무척 중요하다. 만약 내가 학원을 차린다고 했을 때 학원은 무엇이 중요한 업종인가 생각한다. 당연히 학원은 교육을 잘 시키는 것이 중요하다. 학원을 운영하는 사람은 교육 프로그램부터 잘 준비해야 한다. 잘 만들어진 교육 프로그램으로 잘 가르칠 선생님이 중요하다. 학원 경영자는 학생들에게 교육 시스템을 소개하고 그것을 적용시켜 교육의 질을 양적으로나 질적으로 확대해 갈 수 있는 방법을 고민하는 사람이어야 한다. 그런데 프로그램을 대충 만들고 강사조차도 대충 뽑으면서 학원이 잘됐으면 좋겠다고 생각하는 원장이 있다면 그건 처음부터 잘못된 것이다. 기본을 준비하고 채우고 그것을 퀄리티 있게 끌고 가면서 확대하고 업그레이드시켜야 한다. 맛있다는 것도 거기 안착되어 있으면 안 된다. 끊임없이 개발해야 한다. 시장과 패러다임의 움직임에 대해서도 주시할 필요가 있다.

### 3. 시대에 발맞추어 차별화 전략을 세우라

장인어른이 70년대에 만든 튀김은 두꺼웠다. 세월이 흐르면서 얇고 바삭한 튀김으로 바뀌었다. 옛날에는 고소하고 두꺼운 튀김을 좋아했다. 배고팠던 시절이니까. 지금은 배부르면 안 된다. 바삭거려야 하고 몸에 좋아야 한다. 돼지기름을 쓰면 안 된다. 빈대떡은 원래 돼지기름에 굽는 게 정석이다. 그래야 고소한 맛이 나고 바깥쪽은 바삭바삭하고 속은 쫀득쫀득한 식감을 낼 수 있다. 하지만 요즘 젊은 세대들에게 어필하려면 돼지기름이 아니라 몸에 좋은 다른 기름으로 구워야 한다. 요즘 세대들은 동물성 기름이 혈관에 좋지 않다는 걸 알고 있다. 그러니 식물성 기름으로 바꾸어야 한다. 시대에 빠르게 반응하는 것이 꼭 좋은 건 아니지만 그렇다고 그 자리에 멈춰 있는 것이 좋은 것도 아니다. 변화에 적응하고 때로는 주도해 가야 한다. 뒤처지지 않고 맞춰 가야 한다. 사업에 성공하는 사람들은 변화를 주도하면서 노력해 가는 사람이다. 주도한다는 건 무엇인가. 연구한다는 것이다. 맛을 연구하는 사람이라면 내가 지금 만들고 있는 이 맛이 늘 2퍼센트 부족하다고 생각해야 한다. 그 2퍼센트를 채워야겠다고 생각하는 사람은 안주하지 않는다. 전진하지 않으면 처지게 되어 있다. 강물을 거꾸로 거슬러 오르는 연어 떼처럼 시대의 흐름에 상반되게 고민할 수도 있다. 다른 사람들이 생각하지 않는 것을 신중하게 생각하는 것이다. 그런 성격과 열정이 가치를 만들어 낸다.

미용실의 미용사들은 사람을 머리부터 본다. 그가 퍼머를 언제 했는지 손을 볼 부분은 없는지 머리카락 상태는 어떤지 모든 생각이 머리 모양에 집중되어 있다. 미용사이면서 요즘 어떤 헤어스타일이 유행인지도 모르고 관련 서적과 잡지도 보지 않고 인기 연예인의 헤어스타일에 무관심하다면, 심지어 자신의 헤어스타일조차 신경 쓰지 않는다면 그는 성공한 미용사는 아니다.

회사에서 디자이너를 뽑을 때 이런 이야기를 한다. 왜 당신의 모습은 디자인하지 않느냐고. 옷을 직접 디자인해서 입으라는 것이 아니라 있는 옷을 색 매치라도 잘 해서 입고 다니라는 것이다. 디자이너가 첫 면접에 아무렇게나 막 입고 온다면 무조건 거절당한다. 디자인하는 사람은 자

기 몸에 걸친 옷조차도 타인의 반응을 이끌어 낼 수 있도록 조합해야 한다. 디자인이 단순히 먹고살기 위한 방편이라고 생각하는 사람은 연구하지 않을 것이다. 그런 사람은 그저 빨리 취직이나 했으면 좋겠고 시간이 빨리 흘러서 퇴근이나 했으면 좋겠다고 생각할 것이다. 하지만 그것에 미쳐서 열정을 다해 연구하는 사람은 작은 것 하나에도 집중하기 마련이다.

그렇다면 음식점을 하는 사람은 무엇에 집중해야 하는가. 맛과 청결과 서비스가 남달라야 한다. 그것이 경쟁력이다. 그런데 대개 맛 개발을 하지 않는다. 반복이 무료해지면 나태해지고 퍼진 것을 팔 때도 있고 지저분한 모습으로 손님의 테이블에 나갈 때도 있다. 그럼에도 불구하고 그런 것을 겁내지 않는다. 그것이 내 고객에게 어떤 모습으로 비춰질지, 이 음식이 고객의 입맛에 어떻게 느껴질지 고민하지 않는다. 반복된 일상의 무료함이 삶의 질과 더불어 음식의 맛과 질을 떨어뜨리는 것이다. 하면 할수록 장사가 잘되어야 하는데, 하면 할수록 장사가 안 된다. 창업을 했는데 하면 할수록 내 살점이 떨어져 나간다. 사업이 굴러갈수록 눈덩이처럼 불어나야 하는데, 사업이 굴러갈수록 재산이 다 떨어져 나가서 나중에는 빈털터리가 된다. 에너지가 채워지지 않고 소비되는 것이다. 그렇다면 에너지는 어디에서 채워야 하는가. 에너지는 안에서 쏟아져 나온다. 맛 개발은 어렵지 않다. 저울 하나만 사면 된다. 사람들은 때로 지나치게 겸손하다. 내가 부족해서 할 수 있는 게 없다고 한다. 겸손한 게 아니라 의지가 없는 것이다. 모든 것은 자기 안에 있다.

## 4. 기업가 마인드를 가지라

마지막으로 창업자의 마인드가 중요하다. 외부적인 조건이나 환경에 휘둘리지 않고 내 속에 있는 것을 가지고 사업을 개척해 가야 한다. 기업가 마인드가 있는 사람은 연구한다. 각자 자신이 처한 그 자리에서 시작할 수 있다. 나는 저울이 필요했다. 그다음에 계량컵, 계량스푼을 샀다. 하루 장사가 끝나고 나서 장인어른과 함께 튀김 가루를 섞었다. 바삭거리는 튀김옷을 만들기 위해서. 아내는 떡볶이 소스를 만들기 위해 여러 가지를 배합하고 끓여 가면서 실험했다. 여러 재료의 특성을 깨닫고 조화를 만들어 가는 방식을 발견하기까지는 무수한 실험밖에 없었다.

일반 떡볶이 포장마차를 보면 똑같은 맛을 일률적으로 내는 곳이 있고 그때그때 다른 곳이 있다. 그때그때 다른 곳의 특징은 저울에 재지 않고 소스를 배합해 놓지 않는다. 물엿을 있는 대로 쥐어짜고 설탕도 넣고 싶은 대로 넣는다. 그리고 휘휘 저어서 간을 본다. 자신의 혀가 저울이 되고 계량컵이 된다. 그러다 보니 마니아가 없다. 어제 먹었던 그 맛을 다시 보기 위해서 왔는데 어제의 맛이 오늘은 나지 않기 때문이다. 그러면 내일도 오지 않을 것이다. 어제의 맛을 오늘 낼 수 있고 내일도 낼 수 있다면, 일률적인 맛으로 마니아를 만들어 낼 수 있다면 그 맛이 지닌 경쟁력만큼 매출도 이끌어 갈 수 있다.

같은 재료를 받아서 같은 맛을 내도록 교육받은 체인점 음식의 맛이 바뀔 수 있을까. 일률적인 맛을 내는 게 당연한데, 조금씩 다르다. 왜 다른가. 맛은 온도에 따라서도 달라진다. 맥주는 5도에서 가장 맛있다고 한다. 얼리거나 데우면 맛이 없다. 장사에 있어서는 모르는 것도 잘못이다. 슈퍼마켓에서 음료수를 냉장고에 넣지 않고 그냥 판다면 당장 매출이 떨어질 것이다. 콜라는 손님이 찾기 오래전부터 냉장고 속에 들어 있어야 한다는 것을 알아야 한다. 꿀차는 차갑게도 따뜻하게도 마시지만 쌍화탕은 항상 따뜻해야 한다. 두유는 여름에는 차갑게, 겨울에는 뜨겁게 먹는 경우가 더 많다. 맛이라는 것은 그 정도로 예민한 것이다. 음식을 만드는 사람이 맛에 대해 고민하지 않으면 맛은 들쑥날쑥해진다. 이 역시 마인드와 관련이 있다. 청결도 마찬가지다. 기질과 성격에 따라서 기준은 저마다 다르기 마련이지만 유난히 청소를 안 하는 사람도 있다. 내가 과연 이 사업을 시작했을 때 여기 적합한 사람인가, 준비가 된 사람인가를 돌아봐야 한다. 나는 맛과 청결 서비스의 모든 것을 결정하고 좌지우지할 수 있는 사람이므로 맛과 청결, 그리고 서비스가 일관성이 있도록 나를 계량해야 한다. 어제 갔더니 서비스가 좋았다. 오늘 다시 갔는데 불친절하다. 부부가 좀 전에 싸웠기 때문이다. 그러면 내일은 안 가게 된다. 내일은 저들이 나를 어떻게 대할까 하는 불안감이 있는 것이다. 청결도 마찬가지다. 어제까지는 깨끗했는데 오늘 불결했다면 내일을 기대하기는 어렵다. 어떤 가게에 대한 믿음은 일관성에서 나온다. 그 일관성이 매출을 보장한다. 일관성에다 발전성도 있어야 한다. 맛과 청결, 그리고 서비스의 질이 개선되어야 한다.

돈에 인색한 사람은 마인드도 인색하다. 서비스가 인색하고 인사에도 인색하다. 이 마인드에 따라 모든 게 결정된다. 그 사람의 인상과 말투와 눈빛과 손의 움직임, 몸가짐이 다 그 마음속에서 나온다. 외부적인 요인으로 인한 것이 아니라 자기 속에서 나오는 것이다. 그가 인색한 사람인

지 아닌지는 꼬마도 안다. 다른 사람들이 다 알아챈다. 마인드는 감출 수
없다.

사업의 원리는 업종과 관계없다. 어떤 룰이라는 게 존재한다. 내 고객
이, 내 직원이, 내 가족이, 나 자신이 중요하다는 생각으로 살아야 한다.
사람보다 돈이 더 중요해지는 순간부터 잘못된 길로 접어들게 된다. 내
인생은 내 것만은 아니다. 함께하고 있는 모든 사람이 같이 영향을 받을
수 있다. 자신을 전체로 생각해서 함부로 움직이는 것도 옳지 않다. 이
사업에서 내가 빠지면 망할 거라고 생각하는가. 더 잘될 수도 있다. 그
러므로 내가 모든 것을 다하면 안 된다. 타인과 함께하는 것이다. 아딸
은 팀을 구성하는 데 주력했다. 요즘 기업들은 문어발식 확장을 한다. 만
약 내가 순대를 납품받고 있다가 어느 정도 돈을 벌었다고 치자. 그러면
순대 공장을 인수하고 싶은 마음이 든다. 그러면 일단 물건을 많이 산다.
그러다가 갑자기 거래를 딱 끊는다. 그러면 순대 공장은 부도가 나고 그
때 헐값에 공장을 살 수 있다. 이런 식이라면 우리는 순대 공장을 살 수
있었을 것이다. 그런데 그렇게 할 생각이 없었다. 저 공장이 있었기에 우
리도 살 수 있었다는 걸 생각한다. 사람들끼리 서로 버팀목이 되어 주어
야 한다.

장사를 하다 보면 사람과 돈 사이에서 갈등을 하게 된다. 내게 사람이
란 제일 가까이 있는 가족부터 직원, 고객, 협력업체 모두라고 생각한다.
돈 때문에 사람을 서운하게 하면 안 된다. 사람에게 집중하는 사람이 기
업가 마인드를 가진 사람이고 그런 사람이 성공할 확률이 높다.

## '아빠' 점주의 마인드

점주의 마인드는 작은 것에 집중하는 사람이었으면 좋겠다. 또, 팀을 잘 구성하는 사람이었으면 좋겠다. 팀을 구성하면서 훈련을 시켜야 한다. 훈련을 시키면서 작전을 세워야 한다. 늘 준비하는 사람이어야 한다. 자기를 준비할 뿐 아니라 사람을 준비하고 그 사람들이 팀을 만들어 일을 잘 만들어 갈 수 있도록 지속적으로 집중하는 사람이어야 한다. 그런 사람은 어딜 가도 진가를 발휘할 것이다. 사람을 뽑아서 그 사람들과 함께 팀을 구성하는 데 총력을 다해야 한다. 아주 작은 가게라 하더라도 기업의 축소판이다. 직원이 한 명이 있든 수백 명이 있든 상관없이 똑같다. 작은 가게에서 성공하지 못한 사람은 기업도 성공시킬 수 없다. 어떤 사람들은 이렇게 얘기한다. 창피하게 그것을 하고 있느냐고. 자신은 큰 그릇이기 때문에 큰 기업에서 놀아야 한다고. 큰 것은 잘할 수 있지만 하찮은 것은 작은 그릇 지닌 사람이나 하는 거라고. 하지만 절대 그렇지 않다. 작은 것에 충성한 사람은 큰 것에도 충성하고 작은 것에서 성공한 사람이 큰 것도 만들어 갈 수 있다. 그러니 작은 것을 절대 작다고 생각하지 말고 우습게 생각하지 마라. 작은 것에 열정을 다하는 사람이면 좋겠다. 에너지를 그렇게 사소한 데 쓰지 않아도 될 거라고 생각할지도 모르지만 거기에 온 힘을 다하는 사람이 특이한 사람이고 그 특이한 사람이 성공을 이루어 낸다.

# 3장

# '아딸'의 연구 개발 3원칙

## 원칙 1. 요리 연구소 설립

요리 연구소에서는 현재 '아딸'에서 사용하는 소스류(떡볶이 소스, 탕수육 소스, 튀김 가루, 칠리 소스, 어묵 육수 등 15여 가지) 전부에 대한 연구 개발이 이루어졌다. 소스를 개발할 때 가장 주안점을 둔 점은, 맛이 일정하면서도 원거리 배송이 가능해야 하고, 배송비가 최대한 저렴해야 한다는 것이다. 이는 '아딸'을 전국 규모의 체인점으로 만들겠다는 목표와 함께 해외 진출까지도 염두에 두었기 때문에 필요한 조건이었다. '아딸'은 소스를 생산하는 자체 공장이 있으며, 그 공장을 통해 주요 소스가 농축 형태나 원액 형태로 만들어져 납품된다. 이러한 소스 덕분에 물류비를 70퍼센트까지 절감했으며, 유통 기한은 최대 1년까지 연장할 수 있었다.

'아딸'의 가장 큰 경쟁력은 통일된 맛에 있다. 이것은 100퍼센트 본사

▶아딸 요리 연구소. 이곳에서 아딸에서 나오는 모든 음식 맛의 개발이 이루어진다.

를 통해 납품받은 식재료로, 누구나 동일한 방식으로 음식을 조리하기에 가능한 일이었다. 요리 연구소에서 직접 연구해 계량화·표준화한 음식 조리법은 계절별로, 날씨별로 같은 음식이라도 다르게 조리하고 관리해야 한다는 것이 자세하게 설명되어 있다. '아딸'은 기존 분식점의 장점을 극대화하고, 단점을 보완해 한층 업그레이드된 메뉴를 선보였다. 튀김의 경우, 두꺼운 튀김옷에 눅눅하던 옛날 튀김과 달리 얇고 바삭한 튀김을 만들어 식감을 살리고, 웰빙 트렌드에 맞춰 허브를 첨가해 향과 맛을 더했다. 떡볶이는 먹고 나면 개운한 뒷맛을 느낄 수 있도록 천연 양념장을 개발했으며, 쫄깃한 식감이 좋은 쌀떡과 예전 떡볶이 그대로의 맛을 느낄 수 있는 밀떡의 두 가지를 준비해 고객이 선택할 수 있도록 했던 것이다.

이처럼 예스러운 맛을 기본으로 전국 어디서나 같은 떡볶이 맛이 나도록 했다. 그래서 맛을 통일한 후, 조리 시간과 주문 후 기다리는 시간을 최대한 줄이기 위한 주방 시스템을 만들어, 이를 뒷받침했다.

### 원칙 2. 체계화된 관리

이렇게 연구 개발된 음식일지라도, 현장에서 판매하는 점주들이 어떻게 조리하고 관리하느냐에 따라 음식에 대한 평가가 천차만별 달라진다. 음식점이 성공하려면 요리사(Chef)가 아닌 요리 경영인(Professional Chef)이 점장이 되어야만 한다. 그래서 '아딸'은 모든 점장을 요리 경영인으로 키우기 위해, 다양한 교육·관리 프로그램을 개발하여 시행하고 있다. 아딸은 점주 이론 교육, 실습 교육, 현장 점검, 운영 관리까지 모든 부분이 정밀히 평가되고 있으며, 모든 자료가 통계화되어 관리된다. 이것을 실행하기 위해, 과거 모든 정보를 데이터베이스화했으며, 현재는 모든 보고와 관리를 출력된 지면(紙面)이 아닌 전자 결재화했다. 개발 후 실행하는 데 2년이나 걸렸던 교육 및 관리 프로그램은 본사에 프로그램 개발자 두 명을 고용해 진행했으며, 끊임없이 현장 검증을 통해 수정 보완하여 완성한 것이다.

### 원칙 3. 새로운 상권 개발

좋은 먹거리를 개발한 후, 차별화된 경영 마인드를 지닌 점주가 음식을 조리해 판다고 해도, 어디에서 누구를 상대로 영업을 하느냐에 따라 매출에는 큰 차이가 있다. 아딸의 주 고객층은 의미가 추상적이긴 하지만 가족이다. 즉 기존 떡볶이 음식점들은 초중고 학생들을 대상으로 학교 앞에 위치했다. 그런데 아딸의 주 고객층은 간식을 주로 구매하는 20~40대 직장인과 주부다. 특히 세트 메뉴 출시로 인해, 선물 포장을 원하는 새로운 고객층이 형성되면서 20~30퍼센트 매출이 신장되었다. 즉 핵심 상권은 주민 주거 공간과 가까운 곳이면서, 주민 동선 핵심 요지에 위치한다. 주 고객층은 6:4 정도로 여자가 많으며, 연령대는 20~30대 여성이 50퍼센트 정도를 차지한다. 아딸 주 고객인 20~30대 여성은 일반적인 분식 구매자인 학생들에 비해 구매력이 높고, 가격이 비싸도 위생과 맛에서 더 뛰어나다면 얼마든지 추가 구매가 가능한 고객층이다. 이렇게 새로운 상권과 고객층 발견을 통해, 아딸은 놀랄 만한 매출 신장(200~300퍼센트 신장)을 이룩할 수 있었다.

# 4장

# 성공보다 더 어려운,
# 성공을 지속하는 법

사람을 키우고 돈을 모으면서 또 한 가지 중요한 것이 있다. 모은 돈을 함부로 쓰지 않아야 한다. 버는 대로 다 쓰고 심지어 당겨쓰는 사람도 있다. 돈이 좀 벌린다 싶으면 외제 차부터 구입한다. 앞으로 돈을 벌 것으로 생각해서 2, 3년 할부로 말이다. 그걸 다 갚지도 못하고 가게를 파는 사람도 봤다. 기업가 마인드를 가진 사람은 샴페인을 일찍 터트리지 않는다. 분수에 맞지 않는 소비를 하지 않는다. 꿈이 있는 사람은 미래를 대비하기 때문에 늘 준비한다.

어느 점주님이 외제 차를 샀다. 외제 차를 타고 싶었던 것이다. 이유를 물어보았다. 꿈이 없어서 그렇다. 어떤 사람은 누리면서도 성공할 수 있는 것 아니냐고 반문한다. 또 어떤 사람은 외제 차를 타야 사업에 도움이 된다고 생각하기도 한다. 나는 그런 것 없이도 성공했다. 차가 좋다고 성공하는 것이 아니라 마인드가 좋아야 한다. 외제 차를 타고 싶은 마음이 생겼다. 그래서 할부로 샀다. 거기서 멈추면 된다. 그런데 다른 욕심도 생긴다.

어느 점주님은 매출이 좋아지자 출근 시간이 늦어지기 시작했다. 직원 월급 주고도 충분히 남으면 내 몸이 편하기를 바라게 된다. 그러다 초심을 잃어버린다. 처음 9시에 출근했던 사람이 오후 2시에 출근하다가 저녁에 들러서 돈만 챙겨 간다. 나의 분신이 될 사람을 준비해 놓지도 않고 벌써부터 누리려는 것이다. 초심을 잃지 않도록 조심해야 한다. 잡을 '조(操)'에 마음 '심(心).' 마음을 잡고 있는 게 조심(操心)이다. 처음 생각했던 것을 끝까지 얼마만큼 유지해서 갈 수 있느냐가 중요하다. 한 박자 늦게 누리는 것이 덕을 세우는 것이고 사람을 옆에 두는 길이다. 점주와 같이 고생했는데 점주만 잘 살고 직원만 여전히 못 산다면 괴리가 생긴다. 동반 성장하지 않으면 내 사람으로 남아 있을 사람이 없다. 사람이 변했다는 말만 남게 되고 그때부터 사업이 망가진다. 밑에서부터, 속에서부터 썩어서 곪아 터지게 되는 것이다. 사업에 실패하는 사람들의 성향을 보면 외부보다는 내부적인 문제가 원인이 되는 경우가 많다.

성공한 사람은 작은 것에 목숨을 건다. 실패하는 사람의 특징은 작은 것에 신경을 쓰지 않는다는 것이다. 사람됨이라는 것은 외모만 봐도 알 수 있다. 말하는 스타일이나 행동, 인사하는 모습에서 알 수 있다. 자기 분수에 맞게 한 박자 느리게 누리면서 사는 것. 마음을 잡고 진중하게 사는 것. 샴페인을 미리 터트리지 않고 누릴 수 있음에도 검소하게 살면서 다른 사람을 돕고 나누면서 사는 것. 그렇게 살아야 한다. 그런 차이가 10년의 간극을 만든다.

## 한 박자 느리게 누리라

성공을 이룬 후에 그 성공을 지속하지 못한 가장 큰 문제는 그때 정신을 잃어버렸기 때문이다. 사람들은 "성공하고 싶은가, 그럼 이 책을 봐라." 이렇게 이야기한다. 나는 이보다 "이렇게 살면 성공할 것이다. 나 같은 사람도 성공했으니까. 그런데 성공한 것이 중요한 것이 아니라 성공을 지속하는 것이 가장 중요하다."라고 이야기하고 싶다. 많은 사람이 성공하는 법에 대해서 일러 주지만 그 성공을 유지하는 것에 대해선 이야기하지 않는다. 복권 당첨이 중요한 것이 아니고 복권 맞은 '사람'이 더 중요한 거다. 나는 우스갯소리로 담배처럼 복권에도 유의 사항을 적어야 한다고 자주 말한다. "자칫하면 이 복권이 당신의 삶을 망칠 수도 있습니다. 혹시 당첨이 되더라도 이 점에 유의하시고 제대로 사시길 바랍니다." 답답한 일이다. 복권에 당첨된 대부분의 사람들이 가정을 잃고 폐인이 된다고 한다. 노력 없이 찾아오는 행운은 도리어 저주가 될 수 있다. 그래서 나는 삶 이야기, 흘러가는 여정을 이야기한다. 삶은 지금 현재다. 과거를 돌아보고 현재를 직시해야 한다. 그리고 미래를 꿈꾸어야 한다. 현재의 나는 과거에 대한 자기 반성과 성찰이 있어야 발전이 있다. 나는 어떤 사람인지, 과거를 성찰하고, 현재를 직시하고 나를 채우고, 미래를 꿈꾸는 사람이 되어야 한다. 미래에 내가 성공하게 되면 성공한 그 현재, 그때는 어떻게 할 것인가. 그때 아무렇지 않으려면 그때를 생각해서 준비하라. 이것이 '성공하세요.' 이후에 '성공한 이후를 준비하세요.'라고 이야기하는 이유다.

## 고객이 행복할 때까지

점주는 고객을 알아야 한다. 단골 고객이라면 얼굴 표정 하나까지도 살펴야 한다. 슬쩍 내뱉는 고객의 의견을 적극적으로 반영해야 한다. 언제나 고객의 건강에 신경을 쓴다는 자세를 견지해야 한다. 단순히 떡볶이를 파는 것에서 벗어나 아딸이 고객의 일상에 미치는 영향까지 계산해야 한다. 고객이 아딸에게서 가치를 발견하게 되면 경쟁력을 확보하기 때문이다. 이제 구멍가게의 마인드에서 벗어나 기업 경영의 마인드로 넓혀야 한다. 고객의 일상에 아딸이 끼어들어 만드는 새로운 경험에 집중하자.

내 고객이 기뻐하는 것은 무엇인가. 맛있고 정갈하면 기뻐한다. 고객을 위한다면 맛과 청결에 관심을 가지고 더 나은 서비스를 개발할 수밖에 없다. 맛이 좋아지려면 책도 보고 반죽도 다양하게 해보고 소스도 개발하고 연구를 많이 해야 한다. 돈을 벌기 위해 맛을 개발하고 청소를 깨끗이 하고 고객에게 인사를 잘하는 사람과 그 사람을 귀하게 생각하면서 최선을 다하는 것은 다르다. 그 디테일의 차이가 완전히 다른 결과를 가져온다. 10년 전에 똑같이 출발했지만 매출을 올리는 사람이 있고, 그대로 유지하는 사람이 있고, 떨어지는 사람이 있다. 출발 시점은 똑같지만 서서히 차이가 벌어진다.

나에게 많은 사람이 묻는다. "어떤 사람이 장사를 해야 됩니까?" 나는 이렇게 대답한다.

"버스를 탔는데 자리가 있어서 앉았다. 그런데 몸이 불편한 분이 버스에 올라오는 걸 봤다. 그런데 바로 잠든 척한다. 자기밖에 모르는 사람이라면 장사하지 말아야 한다. 몸이 불편한 분을 보고 바로 일어나서 자리를 권하는 사람이라면 장사를 해도, 사업을 해도 좋다. 어떻게 하면 이윤을 많이 남길 수 있을까가 아니라 어떻게 하면 내 고객이 기뻐할까를 생각할 것이므로."

나는 가치의 명확한 서열을 갖고 있다. 돈 위에 사람이 있어야 한다. 그러나 물질과 사람. 실패한 사람들이 이 두 가지 순서를 바꾸었다. 내 고객이 내 음식을 먹고 병에 걸려 죽는 것은 괜찮다, 다시 말해 즉사만 안 하면 된다고 생각한다. 배탈이 나도 아무렇지도 않다. 수많은 고발 프로그램에 자주 나오는 유통 기한이 지난 식재료 사용의 문제가 이 마인드에서 나오는 것이다. 음식을 만드는 사람은 신중해야 한다. 나는 어떤 결정을 할 때 본사의 이윤과 체인점의 이윤을 함께 생각한다. 본사의 이윤에 치우쳐 체인점을 망각하는 것도 사람보다 돈을 앞세우기 때문이므로.

# 5장

# 링 위의 결투를 두려워 하지 마라

전쟁에서 적을 이기려면 지기(知己)가 먼저 되어야 한다. 싸움터의 지세와 병사의 수, 그리고 전차의 수효는 지기(知己) 후에 할 일이다. 아딸의 기본 원칙을 잘 지키면서 내부적으로 서비스 혁신을 통해 노력하면 나보다 노력하지 못한 경쟁자가 내게 승리를 넘겨주게 된다. 하지만 일단 승리했더라도 영원할 것이라고 안심하지 말고 겸손해야 한다.

한 사람이 가게를 하나 차렸는데 그 옆에 비슷한 가게가 들어오자 경쟁이 치열해서 나눠 먹기 힘들다며 지레 가게 문을 닫았다. 사실은 그게 아니라 본인이 대응을 잘못했기 때문일 것이다. 링 위에 섰는데 도전자가 올라오니까 바로 내려오는 사람과도 같다. 그 사람은 자기 마음에서 이미 졌다. 싸움도 시작하지 않고 말이다. 도전자가 경기장에 들어오는 동안, 링에 올라오는 동안 나는 근육을 키우고 끊임없이 움직이면서 준비 운동을 하고 있어야 한다.

옆 가게는 먼저 이 가게에 와서 답사를 했다. 음식은 맛이 없고 주인의 얼굴 표정도 별로다. 바로 옆에 가게를 냈다. 붙어 볼 만하다고 판단한 것이다. 만약 기존의 가게가 날마다 음식을 기가 막히게 만들어 내고 청결하고 서비스도 좋다면 그곳은 피하고 다른 장소를 알아봤을 것이다.

최선의 방어는 적극적인 공격이라는 말이 있다. 미리 준비하는 사람은 끊임없이 1등의 가치를 만들어 가야 한다. 자신이 도태되면 누군가 치고 올라올 것을 대비해 긴장을 늦추지 않는 사람, 초심을 버리지 않고 끊임없이 연구하며 사람을 키울 줄 아는 사람, 그런 사람이 '아딸'의 점주가 되었으면 좋겠다.


## '아딸'이 하지 않는 것 네 가지

'아딸' 사업을 하면서 절대 하지 않는 네 가지가 있다. 그중 첫째가 체인점 모집 광고를 하지 않는다는 것이다. 300여 개 체인점이 생겼을 때 신문사 광고국에서 전화가 쇄도했다. 한창 잘될 때 체인점을 늘려야 할 게 아니냐며, 체인점 모집 광고를 내서 순식간에 퍼뜨려야 한다는 이야기였다.

나는 체인 모집 광고는 하지 않고도 전국에 1,000개 이상을 만들 것이라고 대답했다. 내 말이 너무 황당해서 상대방이 말문을 막혀했다. 그러나 내 얘기를 다 듣고 나면 꼭 성공했으면 좋겠다는 덕담을 잊지 않았다. 지금까지 나는 마케팅 전략이나 광고 파트가 들으면 화날 정도로 고집을 부렸다. 지금 돌이켜보면 광고를 하지 않음으로써 잃은 것보다 얻은 것이 훨씬 많았다.

　'아딸'이 하지 않는 것 둘째는 프랜차이즈라면 으레 하는 '오픈 행사'
다. 오픈 당일은 물건을 제대로 팔 준비가 되어 있지 않은 상태다. 막 꾸
려진 팀이 처음 함께 움직이는 상황이니까 숙달되지 않아 시간이 필요
한 법이다. 한번 찾아온 손님이 다시 와야 하는데 아직 준비되지 않은
상태에서 방문한 손님은 실망하기 십상이라 다시 올 가능성이 떨어지고
좋은 소문을 내 줄 리가 만무하다. 그렇게 되면 다른 손님도 못 오게 하
는 거나 마찬가지다.

　다음으로 '아딸'에서는 본사가 가게를 넘겨받는 점주에게 가맹비를
요구하지 않는다. 본사가 새로 가맹비를 청구하면 떠나는 점주가 새 점
주에게 권리금을 깎아 줘야 한다. 점주가 바뀌었으니 가맹비를 다시 받
으면 좋겠지만 아딸은 그렇게 하지 않았다. 떠나는 사람도 소중하니까.
기존의 점주가 권리금을 받고 가게를 팔려고 할 때 본사가 걸림돌이 되
어서는 안 된다고 생각했다. 새로 오신 분은 부담 없이 우리 가족이 되
면 좋겠고, 떠나는 분은 자신의 재산적 가치를 찾아서 기분 좋게 나가면
좋겠다는 마음이었다.

　마지막으로 하지 않는 것은 재계약 시 인테리어를 변경해야 한다는
강제성이 없다. 다른 브랜드는 재계약 시 멀쩡한 가게를 다 뜯어서 인
테리어를 다시 하게 하는 경우가 많다. 자꾸 새롭게 만들지 않으면 뒤
처질 거라는 생각도 있겠지만 아딸은 전체를 바꾸는 것보다 깨끗한 것
이 옳다고 믿었다. 청결만 확보된다면 인테리어는 부분적으로 손을 봐
도 좋다. '아딸'은 2년마다 재계약을 하면서 인테리어를 새로 해야 된다
는 조건을 붙이지 않는다. 아딸은 하지 않는 것을 통해 업계에 새로운

가치를 제공하고 있다.

## '아딸'하라

기업의 가치는 놀랍다. 자동차는 한 달만 타도 중고가 되어 원래 가격보다 낮아진다. 하지만 가게나 기업은 그렇지 않다. 가치를 만들어 놓으면 되팔 때 더 큰 가치를 인정받을 수 있다. 2~3년 후 그만둘 것이라 생각하지 말고 내가 가게의 가치를 더 만든다고 생각하며 끝까지 최선을 다한다면 다른 사람에게 양도할 때 권리금과 시설비뿐 아니라 그동안에 벌어 놓은 이익금까지 챙길 수 있게 된다.

10년 동안 한 가지 일에 집중하면 성공 못할 사람이 없다. 하나의 가게에 만족하지 않고 아홉 개, 열 개 점포를 운영하는 점주도 있다. 그들이 돈이 많아서 단번에 열 개를 사들였냐 하면 그렇지도 않다. 하나를 가지고 둘을 만들고 그것을 다시 세 개, 네 개로 만들었다. 그런 과정을 잘 진행해 가는 사람은 돈 관리를 잘하고 사람을 잘 키운 사람들이다. 초심을 잃지 않고 모든 것을 잘 관리하는 사람이다. 그런데 같은 세월이라 하더라도 그렇게 못하는 사람도 있다. 다른 사업을 하게 되더라도 원리는 마찬가지다. 어느 분야든 그 분야의 경험을 잘 닦아서 거기에서 얻은 노하우로 다른 업종으로 갈아타는 것도 좋다. 두려워할 필요가 없다. 죽을 때까지 한 가지 일만 하겠다고 생각할 필요도 없다. 성공 기회를 잡을 수 있는 눈만 있으면 된다. 끊임없이 준비하는 사람에게는 기회가 많을 것이다.

나는 결혼한 직원들에게 '아딸'하라고 권한다. 남편이 '아딸'에 근무할 경우 그 아내들이 체인점을 하면 좋겠다고 한다. 실제로 상권 분석팀 과장의 부인이 '아딸'을 하고 있다. 월 순수익이 800만 원 이상 나오니까 1년 넘게 했으니 1억 이상을 벌었을 것이다. 그렇게 3, 4년만 해도 기반을 잡을 수 있다. 직장 생활해서 30년을 모아도 아파트 한 채 마련하기가 어렵다. 그래서 다들 자기 사업을 하려고 한다. 꿈이 있는 사람은 자기 인생을 계획하는 사람이다. 5년 후, 10년 후, 20년 후도 계획하지만 1년, 한 달, 오늘도 계획해야 한다. 오늘을 어떻게 살까 계획하는 것은 작은 것에 목숨을 거는 것을 말한다. 오늘 하루에 열정을 다해야 한다. 그렇지 않으면 100만 원도 쉽게 쓸 수 있다. 과거 우리 직원 중에도 돈을 함부로 쓰는 이들이 있었다. 나는 그들을 불러다 놓고 잔소리한다. 6개월 후에 어떻게 될 것 같으냐고, 1년 후에는 어떻게 될 것 같으냐고. 그때 가서는 건강도 나빠지고 손에 쥔 것도 없게 된다고 말한다.

좋은 시간과 여건이 되는 사람이 그 자리에서 일어나지 못하고 움츠려 있는 모습을 보면 안타깝다. 직장 생활을 하는 사람 중에서도 5년 후 가난하게 살 사람과 부자가 되어 여유를 누릴 사람이 나뉜다. 내 가족의 일이고, 나도 아이의 부모라고 생각하면 아내가 남편에게만 짐을 떠맡기지는 않을 것이다. 아내들이여, 미래를 준비하고 계획하는 것이 당신들 손에 달려 있다.

# 6장

# 메뉴 추가 원칙을 공유한다

아딸은 신메뉴를 개발해 납품할 때 원칙이 있다. 첫째, 기존에 있는 매출에 플러스 알파가 되어야 한다. 보통 메뉴가 추가되었음에도 불구하고 매출이 똑같을 때가 많다. 그렇게 따져 보면 메뉴가 다섯 가지가 있는데 100만 원을 팔고 메뉴가 60가지가 있는데 똑같이 100만 원을 팔았다면 어떤 것이 효율적일까. 지금까지 메뉴가 다섯 가지였는데 한 가지가 더 추가되었다. 그런데 매출이 똑같으면 안 된다. 다른 고객층을 공략해야 한다. '통큰감자'는 학생들을 타깃으로 출시했다. 아딸은 12시에서 6시까지가 한가한 시간이다. 그 시간에 학생들을 흡수할 생각으로 개발했고 결과적으로 플러스 알파가 되었다.

둘째, 기존에 있는 주방 시스템에서 더 추가되어서는 안 된다. 메뉴 하나를 추가했더니, 기계를 하나 더 놔야 하고, 공간이 필요하다면 문제가 된다. 김밥을 만들었더니, 냉장고가 추가로 필요하고, 냉장고 놓을 공간도 필요하고 그러다 보면 오히려 손해가 된다. 현재 주방 시스템에서 추가되지 않는 메뉴를 개발해야 한다.

셋째, 인건비가 더 추가되지 않아야 한다. 아딸에서 왜 김밥이 빠졌는가 하면, 인건비 추가에 공간 추가는 기본이고 김과 김밥 재료를 감안했을 때 하루에 김밥 80개를 팔아야 한다는 계산이 나온다. 그래서 미련 없이 김밥은 김밥 전문점에서, 만두는 만두 가게에서, 떡볶이는 '아딸'에서! 이렇게 포지셔닝하게 된 것이다. 김밥, 냉면, 라면 등 메뉴를 하나씩 추가하게 되면 정체성이 흔들린다. '아딸' 브랜드가 확립되지 않았을 때 점주들은 메뉴 추가를 고집했다. 김밥 하나만 더 넣어 달라는 점주부터 라면을 팔 수 있게 해 달라는 점주 등 너무 간절한 사람들이 많았으나 다 거절했다. 원칙이 깨지면 안 된다는 고집이 있었고, 선택하고 집중하게 되자 성공에 이르게 되었다.

### 가장 건강한 음식을 파는 곳, 아딸

'아딸'은 우리나라에서 어묵 꼬치를 재활용하지 않는 유일한 브랜드다. 떡 공장의 설계도가 처음과는 많이 달라진 것도 지속적인 환경의 개선(바닥의 청결 문제, 포션에서의 인원 감축, 떡 포장 과정 등)을 위한 노력이었다. 이는 자동화 시스템에 대한 주도면밀한 관찰과 끊임없는 집중의 결과였다. 떡을 세로로 포장함으로써 떡의 눌림과 붙음 현상을 개선했다. 떡을 뗄 때는 인건비(한 달에 90만 원 정도)도 줄임으로써, 결국 점주의 수익률이 좋아졌고 그로 인해 만족도가 높아졌다. 항상 본사의 수익도 중요하지만 더 관심을 갖는 것은 점주의 수익률이다. 가격 경쟁력을 확보하게 된 이유는 재료들이 정말 싸게 들어온다는 데에 있다. 프랜차이즈 모임에서 '아딸'을 부러워하는 것 중 하나는 본사의 수익은 물류 쪽에서 나오는데 '아딸'의 경우 가맹점의 100퍼센트가 본사에서 납품하는 재료를 쓴다는 것이다.

제일 싸고 제일 좋은 재료를 납품하는 것이 그 비결이다. 현재 점주들은 본사에서 물건을 가져다주지 않으면 어쩌나 걱정한다. 폭설이나 우천으로 인해 식재료가 지연되는 경우에도 다른 식재료로 대체하지 않고 본사의 제품을 기다린다. '아딸'은 100퍼센트 재료 납품을 통해 각 점주들의 수요량을 파악하고 있다. 따라서 불필요한 재고량이 줄어들고 물건값은 점점 싸게 정할 수 있게 된다. 따라서 본사는 점주를 믿고 점주는 본사를 믿는 선순환 구조가 유지되는 것이다. 기업은 브랜드의 신뢰도가 쌓인 다음에는 내외부 고객에게 효율과 이윤으로 피드백해야 한다.

# "낮은 곳으로 흐르는 기업"



A 성경에 "선 자는 넘어질까 조심하라."라는 구절이 있습니다. 섰다고 생각할 때가 가장 조심해야 할 시기입니다. 마음을 잡고 있으라는 것이지요. 언제까지? 삶이 다 갈 때까지요. 우리가 아는 정상은 정상이 아닙니다. 저는 아직 올라가는 과정이라고 생각합니다. 하지만 위를 향하는 것이 아니라 아래를 보며 올라가야 하는 거죠. 그래서 매출이 커질수록 나눔의 분량도 커지는 겁니다. 아딸은 일찍부터 정말 많이 나누고 있습니다. 어떤 사람들은 많이 벌었으니 나눈다고 생각하죠. 저희는 없을 때도 봉사하고, 나누고, 배려했습니다. 아딸에게 오르막은 있으나, 정상은 없습니다. 오른다는 건 열정이 식지 않았다는 뜻입니다. 우리는 제2의 도약을 위해 숨을 고르고 있습니다. 진지한 자기 성찰과 준비 후에 다시 올라갈 것입니다.

A 인생은 한 방이 아닙니다. 인생은 에너지를 축적해 당기는 '격발'입니다. 인생은 내가 노력한 만큼 거두는 겁니다. 총을 쏠 수 있으려면 그 안에 에너지가 충전해 있어야 합니다. 그래야 총알이 날아가 목표를 통과하게 됩니다. 에너지가 충만한 순간 꿈은 이뤄집니다. 에너지가 부족하면 총알이 날지도 않고 날아도 목표를 맞히지 못합니다. 그 에너지는 세월과 경험을 필요로 합니다. 그리고 에너지를 채우는 동안 조준을 잘해야 합니다. 어떤 사람들은 한 달이나 1년 정도 해보다가 포기합니다. 저는 10년으로 봅니다. 지금 하고 있는 일에 최선을 다하세요. 에너지가 충만하게 모이면 격발할 수 있습니다. 그때까지 꿈을 포기하면 안 됩니다.



A 돈을 벌기 시작하면서 우리는 다른 기업보다 빨리 나눔 문화를 실천했습니다. 인심 쓰고 생색내는 나눔이 아니라 지속적인 관계를 맺는 식으로 나눔을 합

니다. 돈과 선물을 가져다주기보다는 꿈과 희망을 안겨 주는 나눔이죠. '아딸'이 후원하는 보육원의 경우에는 아이들을 데려다가 추억을 만들어 줍니다. 다양한 체험 학습으로 구체화되는데 아이들에게 직업 체험과 놀이 체험, 그리고 추억 만들기를 해 줍니다. 또 체인점의 이점을 살려 고객과 함께하는 '아름다운 가게' 활동을 하고 있습니다. 전국에서 모인 옷을 나눔가게 본점에서 판매해 전액 기부하기도 했습니다. 그 외에도 밥차를 운영해 특별한 행사가 있을 때는 떡볶이를 만들어 기부하고 있고, 생명의 열매도 전국 매장에 설치해서 고객들의 참여가 이어지고 있습니다. 지역 후원도 있습니다.

## "아딸이 추구해야 할 것"

**Q** '아딸'의 슬로건은 "가족이 행복한 세상을 꿈꿉니다."입니다. 기업이 가족을 행복하게 만든다는 것은 말보다 훨씬 힘든 여정인 듯합니다. 어떻게 실천하고 있나요?

**A** 가족의 소중함을 잊어버리면 행복 지수도 떨어지고 성공할 확률도 희박해집니다. 기업의 가치를 가족, 사람, 삶, 행복에 맞추는 겁니다. 무엇인가를 선택해

야 할 때 돈보다는 사람을 선택하려고 합니다. 고객을 가족처럼 생각하면 손끝의 움직임도 달라집니다. 조금이니까 하고 어긋나 버리면 10년 후에 엄청난 차이로 드러납니다. 작은 것에서부터 충실하게 길을 가면 삶의 방식이 달라지고 회사가 제대로 서게 됩니다.



A 사람이 먹는 것, 입는 것, 쓰는 것을 가지고 타협할 수는 없습니다. 가구를 만들 때 못 하나를 박더라도 신중해야 합니다. 얼마 전에 의자에 앉아서 당기다가 의자 밑에 있는 날카로운 못에 심하게 찔려서 손을 다쳤습니다. 사람이 이용하는 것을 다루는 사람이라면 구석진 곳도 살펴야 합니다. 저는 모든 일에 진심을 담아야 한다고 생각합니다. 이 물건을 쓰는 사람에 대해 고민해야 합니다. 무지는 죄입니다. 내가 아무렇지도 않게 여기는 것 때문에 누군가 피해를 볼 수도 있습니다. 제가 매장의 기름을 자주 체크하는 이유는 거기서 발암 물질이 나오기 때문입니다. 건강은 '아딸' 사업의 근본입니다.

A 저는 요리를 잘하지는 못하지만 먹어 보는 데 재능
이 있어요. 뭐가 문제인지, 뭐가 부족한지 기가 막히
게 잘 압니다. 전문적인 요리를 배운 적은 없으나 맛
이 어때야 하는지는 안다는 거죠. 예를 들어 제가 중
국집 장사를 할 때, 옛날 짜장을 만드는 구체적인 방
법은 몰랐지만, 옛날 짜장을 만들어야 한다는 방향은
알았지요. 이것은 집중의 힘이라고 생각합니다. 그건
사람이 기뻐하는 포인트에 대한 것입니다. 어떻게 하
면 사람들이 짜장면을 먹고 좋아할까, 집중해서 고민
하면 보이는 거죠.

“성공하는 사람은 작은 것에 목숨을 겁니다.

실패하는 사람의 특징은 작은 것에 신경을 쓰지 않는다는 것입니다.

외모, 말하는 스타일, 행동, 인사하는 모습에서도 사람됨을 알 수 있습니다.

분수에 맞게 한 박자 느리게 누리면서 사는 것.

마음을 잡고 진중하게 사는 것.

샴페인을 미리 터트리지 않고

누릴 수 있음에도 검소하게 살면서

다른 사람을 돕고 나누면서 사는 것.

그런 차이가 10년의 간극을 만들어 냅니다.”

"어제 남은 떡볶이 팔면 안 되겠습니다.
유니폼 입어야 하겠습니다.
인사를 잘해야겠습니다.
고객이 떠나지 않도록 준비해야겠습니다."

# 05

# 착한 기업이 성공한다

**분식 브랜드 중 유일하게 프랜차이즈 1등급 인증받다**

프랜차이즈 수준 평가는 프랜차이즈 본사의 재무적 안전성과 공정 거래에 대한 검증이며, 가맹점 창업자의 위험 요인을 줄이고 건전한 프랜차이즈 산업 발전을 도모하기 위한 평가 제도다. 중소기업청이 주관하고 소상공인진흥원이 시행하는 공정하고 객관적인 평가 제도다. 프랜차이즈 수준평가 등급은 가맹점 100개 이상을 운영하는 가맹 본부를 대상으로 가맹점 현장 실사와 점주 설문 조사 등 점수를 매겨 평가한다. 소상공인진흥원에서 위촉한 프랜차이즈 심사원이 평가를 수행하여 가맹 본부 수준을 1~5등급으로 평가한다. 평가 내용은 다음과 같다.

**평가 항목 범주별 평가 요인**
**〈가맹 본부 특성, 가맹점 사업자 특성, 계약 특성 등 6개 범주 146개 문항을 평가〉**

| 범주 | 요인 | 변수 |
| --- | --- | --- |
| A. 가맹 본부 특성 | 경영자 특성 | 경영자 자질, 경영 전략, 경쟁 우위 |
|  | 기업 특성 | 회사 규모, 사이버 경력, 재무 구조 건전성, 외부 인증/수상, 일반 특성 |
|  | 자원 | 본부 매뉴얼, 지적 자산, 브랜드 자산, 정보화 수준, 물류 시스템 |
|  | 계약 절차 | 사업자 모집 광고, 사업자 스크리닝, 계약 과정, 계약 체결 |
| B. 가맹점 사업자 특성 | 사업자 특성 | 사업 경험, 사업 운영의 적극성, 자본력 |
|  | 계약 이행 | 계약 이행의 성실성 |
| C. 계약 특성 | 계약 조건 | 계약 기간, 최초 가맹금, 영업 증비용, 계약 종료 후 부담, 계약 해지 및 종료 실적 |
|  | 가맹점 통제 | 영업 통제, 디자인 통제, 물품 구입 경로 통제 |
| D. 시스템 운영 특성 | 초기 지원 | 초기 교육, 가맹점 운영 매뉴얼, 매장 개설 지원 |
|  | 지속적 지원 | 정규 교육 프로그램, 본부 공급 물품의 적절성 |
| E. 관계 특성 | 관계의 질 | 양방향 의사소통, 가맹 본부에 대한 신뢰, 가맹 본부와의 갈등, 거래 공정성 등 |
|  | 만족 | 가맹점 사업자의 만족 |
| F. 시스템 성과 | 가맹 본부 성과 | 성장성, 수익성, 안정성 |
|  | 가맹점 성과 | 성장성, 수익성 |

위 146개 문항에서 80점 이상을 받아야 1등급으로 선정된다. 2011년에는 100여 개 프랜차이즈 업체가 수준 평가를 받았으며, 이중 9개 업체만이 1등급에 선정되었다. 먹거리 프랜차이즈 중 1등급을 받은 곳은 아딸을 포함해 원할머니 보쌈, 채선당, 본죽, 놀부부대찌개, 와바뿐이다. 아

딸은 분식업계 최초로 '2011년 프랜차이즈 수준 평가'에서 1등급에 선정되었다. 수준 평가 결과 가맹 본부의 체계가 잘 구축되어 있는 브랜드를 우수 프랜차이즈로 지정하여 우수 프랜차이즈 지정서를 발급하며, 소비자 및 예비 창업자가 식별할 수 있도록 우수 프랜차이즈 엠블럼을 홈페이지 및 해당 브랜드의 가맹점에 부착한다.

## 맨땅에 헤딩으로 이뤄 낸 사업의 전문화

싸움에서 살아남는 기업은 시장, 경쟁사, 소비자들을 끊임없이 조사하며 이를 바탕으로 통찰력 있는 전략을 실행해야 한다. 시장의 변화를 인식하고 시장의 정세를 제대로 파악해 자사의 차별화 포인트를 소비자가 원하는 방식으로 전하는 데 유효한 전략을 실행해야 한다. 심혈을 기울여 정보를 모아야 한다. 쌓인 정보가 없다면 이에 기반한 통찰력도 제대로 이루어질 수 없을 것이다. 시장과 환경은 변하고 이에 따라 기업의 길도 변하기 마련이다. 예측하기 힘든 만큼 변화가 심하기에 눈앞에 보이는 대로 전략을 세우고 목표를 달성하려는 것이 아니라 주변 환경과 업계의 변화를 보고 장기적으로 전략을 세워야 한다. 모든 조사와 전략은 기업의 현명한 통찰력 아래 적절히 행해져야 한다.

아딸은 자주 다른 브랜드들을 분석한다. 그때 나의 주문은 늘 '올라운드 플레이어'다. 경영진에서 조사할 브랜드를 선정하여 주면 모든 직원이 분석에 참여한다. 현장을 방문해 보고 일정 시간 동안 지켜보며 매출과 가격 등을 관찰을 한다. 이처럼 브랜드 분석에는 부서와 상관없이 모든 직원이 총동원된다. 생산 위치, 유통, 고객 만족도, 점주의 마인드, 운영 본사가 어디인지, 일시적인지, 장기적으로 자리를 잡을지 등을 고려하여 분석한다. 결과의 답이 나오면 네거티브 마케팅으로 사용하는 대신 아딸에 어떻게 적용할 것인지 생각한다.

최근 닭강정 브랜드를 조사하면서 새로운 브랜드를 만들 것이냐, 아니면 신메뉴를 만들어 '아딸'에 추가할 것이냐를 고민했고, 우리는 메뉴를 추가하는 방향으로 결정을 내렸다. 기존의 강정은 너무 고열량이고, 잡고기이고, 기름져서 몸에 좋지 않다. 그렇다면 아딸이 닭다리살 순살로만 좋은 튀김 기름에 튀긴 후 소스를 바르는 건강한 강정은 어떨까를 고민했다. 철저한 조사를 통해 남을 알고 그 결과를 나에게 적용하는 것은 생각보다 쉽지 않다. 하지만 아딸은 끊임없이 이 공식에 건강까지 더한 결과를 도출해 냈다.

# 1장

# 착한 기업=과학적 기업

"아딸의 경쟁 상대는 누구인가요?"라는 질문을 많이 받는다. 뻔한 대답이지만, 사실 '아딸'의 경쟁 상대는 타 브랜드가 아니라 바로 '아딸' 스스로다. 타 브랜드가 '아딸'의 모든 것을 따라 할 수는 있겠지만 보이는 것만으로는 모든 것을 다 알 수는 없다. 7년 동안 '아딸'이 해 온 모든 노하우를 누구도 따라올 수 없다. 원재료까지 컨트롤하고 그 업체들을 끌고 가는 회사는 보기 드물다. 나는 이런 시스템을 과학적이라고 표현한다. 과학적이란 말은 또 레시피에 적용할 수 있다. 맛을 혁신화시킬 것, 더 맛있으면서 사람 몸에 좋게 할 것! 이 두 원칙에서 나온 것이 바로 허브였다. 그 이유는 허브가 몸 속에 쌓인 기름을 분해해 주는 요소가 있기 때문이다. 허브도 향과 관련된 것과 건강과 관련된 것이 있는데 여러 가지를 믹싱해서 사용해 보았다. 일반적으로 튀김을 먹을 때 기름기, 칼로리를 고려하게 된다. 쇼트닝이라는 동물성 기름을 쓰면 기름기가 빠지지만 불포화 지방이라 건강에 좋지 않다. 식물성 기름을 사용하면 건강에는 좋지만 기름기가 잘 빠지지 않았다. 그래서 기름기도 빠지고 식물성인 것이 없을까 고민하던 중 적절하게 세 가지의 기름을 섞으면 튀김도 바삭하고 건강과 기름기의 문제를 모두 해결할 수 있었다. 그 혼합유는 기존 튀김유보다 20~30퍼센트 정도 비싸다. 매번 세 가지를 섞다 보니까 너무 번거롭고 힘들어서 해표에 세 가지를 섞은 비율을 주고 아딸에만 납품하게 하고 있다. 고춧가루도 과학적으로 배합한다. 고추를 사서 직접 빻는데 매번 작황 조건에 따라 색깔과 맛이 달라지므로 칵테일하듯이 섞기 시작했다. 색깔이 좋은 고추, 매운맛이 좋은 고추, 감칠맛이 나는 고추를 섞는데 매번 레시피가 바뀌고 그 레시피를 직접 먹어 가며 매운 정도를 매기고 조절한다. 이런 번거로움과 수고로움이 있기에 아딸 떡볶이는 어디서도 맛이 같고 색깔이 같을 수밖에 없다. 오차라면 사람이 혀로 느낄 수 없을 만큼 있다. 색깔을 예쁘게, 맛을 칼칼하게, 매운맛을 적당하게 유지하는 것은 그만큼의 정성이 들어가 있어야 한다. 뿐만 아니라 각 매장은 떡볶이 조리 시간, 온도 등을 모두 일정하게 지켜야 한다. 그렇지 않았을 경우에는 본사가 강한 대응 조치에 들어간다. 아딸은 1그램까지 재고 어묵의 개수까지도 정확하게 사용한다. 점주들을 공개적으로 다양한 교육을 시킴으로써 매출을 끌어올린다. 원칙은 좋은 결과를 위해 지키는 것이다.

## 맛있고, 깨끗하고, 건강하다

'아딸'은 모든 메뉴를 레시피화한 뒤, 철저한 교육을 통해 소비자가 원

Otwospac
(주)오투스페이스

하는 맛을 유지하도록 하며, 조리의 과정을 개방하여 보여 주고, 깨끗한 환경을 유지하는 청결함과 NO 환경 호르몬, NO 유해 식품 첨가제, NO 방부제 등을 내세워 건강한 분식을 추구한다. '아딸'이 위생 및 웰빙과 관련해 자랑하는 것은 다음과 같다.

1. **깔끔한 인테리어와 위생 설비, 유니폼 착용**
2. **웰빙 메뉴 개발:** 자체 개발한 튀김 가루에 드라이 허브 첨가를 통하여 바삭한 식감과 건강을 고려. 허브 사용 이외에도 기름은 100퍼센트 식물성 기름 사용, 화학 첨가제와 유해한 첨가제 사용 배제
3. **원재료 제조 공정 공개:** 홈페이지, QR코드를 통해 '원재료 제조 공정'을 보여 주어 보이지 않는 부분에서도 신뢰감을 줌
4. **무공해 패키지 개발, NO 환경 호르몬 포장:** 포장 판매 시 환경 호르몬이 검출되지 않는 플라스틱 용기 사용

"아딸은 정-말 깨끗합니다." 이 표어는 전국 아딸 매장에 2009년 한 해 동안 걸려 있던 현수막 문구였다. 음식점이 깨끗하다는 것은 기본일 것이다. 원재료 선정과 생산, 유통, 조리 전 과정에서 '깨끗함'을 유지한다는 것은 기본이지만, 결코 쉬운 일은 아니었다. 그러나 '아딸'은 원재료 구입부터 생산, 유통 및 조리하는 과정 모두에 소비자의 건강을 결부시켰다.

'아딸'은 결코 정크푸드나 패스트푸드를 파는 곳이 아니다. 거시적 안목으로 원재료를 구입하여 최소 3년 앞을 내다보며 원재료 구입 시기와 구입량을 결정하며, 최소 유통 단계를 거쳐 제품을 생산하기에 점주

에게는 저렴하면서도 질 좋은 먹거리를 납품할 수 있었다. 그리고 전 매장 먹거리 청정 구역 선포를 통해 100퍼센트 식물성 기름 사용, NO 환경 호르몬, NO 유해 식품 첨가제, NO 방부제, 100퍼센트 냉동 냉장 물류 시스템 구축을 달성할 수 있었다.

생산 시스템 역시 특이하다. 일반적인 체인 본사들은 핵심적인 몇몇을 제외하고는 대부분 제품을 OEM 방식으로 생산해 납품받는 경우가 대다수다. 그러다 보니, 그 브랜드만의 노하우가 쉽게 유출되거나 복제되기 쉽다. 그런데 아딸은 노하우가 담겨 있는 소스와 튀김 가루를 본사 자체 공장에서 생산한다. 그리고 공산품을 제외한 모든 제품은 중간 단계까지 본사에서 직접 생산한 후, 납품업체에 1차 납품한다. 납품업체가 그 재료로 완제품을 만들어 본사에 재납품하는 생산 시스템은 모든 제품의 생산 노하우와 생산 원가를 본사에서 컨트롤 할 수 있게 해 주었다. 체인 사업을 시작할 때부터 이 방식을 고수해 왔기에, 그 높은 원재료 상승에도 불구하고 합리적인 납품가를 유지할 수 있었다.

또한 판매 시스템은 그동안 보아 온 분식집의 체계와는 다르다. 깔끔한 인테리어와 위생은 기본이고 점주와 직원 모두 유니폼을 입어 통일성을 꾀하는 등 고급 외식 업소를 방불케 한다. 포장 판매 또한 독특하다. '아딸'은 비닐봉지에 담아 주는 떡볶이와 순대, 종이봉투에 담아 주는 튀김이 아닌 치킨, 피자 박스처럼 손잡이 달린 예쁜 박스에 음식을 담아 준다. 손잡이가 달려 있어 선물용으로도 손색없는 포장 박스는 흔들어도 음식이 섞이거나 쏟아질 염려가 없게 설계되어 있다.

# 2장

# 행복한 브랜드

브랜드는 특별해야 한다. 남과 달라야 한다. 고객은 제품보다는 가치를 구매한다. 그러므로 기업은 사회적 책임, 핵심 가치, 제품력, 환경을 고려해야 한다. 사람을 더 생각하고 지구를 보호하는 데 비용을 쓰는 기업은 이미 성공한 기업이다. 게다가 이러한 기업은 사회 변화에 긍정적인 힘으로 작용한다.

'아딸'은 행복한 미래를 꿈꾸고 있다. 카페베네가 추풍령감자탕을 배경으로 우리나라 최고의 카페 체인이 된 것처럼 '아딸'도 새로운 브랜드로의 확장에 전념하고 있다. 요즘 아딸은 떡볶이를 판매하는 것에 그치지 않고 라이프스타일의 변화에 따른 새로운 컨셉트의 카페 매장을 오픈하고 있다. 떡볶이를 그냥 먹거리로 인식하는 것이 아니라 창의력으로 바라보는 것이다. 조만간 이뤄질 '아딸'의 미래는 어떤 모습일까. 사람들이 '아딸'이라는 말을 듣는 순간, 믿고 살 수 있는 종합 식품회사로 자리하기를 바란다. 지금의 풀무원이 건강한 유기농 먹거리의 대명사가 된 것처럼 말이다. 10년 후쯤에는 '아딸' 농장에서 만든 먹거리를 '아딸' 마트에서 소비자들이 살 수 있게 될 것이다. 그 품목은 우리가 할 수 있는 품목만 할 것이고, 가상의 마트(인터넷)에서 판매할 것이다. 특정한 물건을 살 때 모든 물건이 실명제로 움직여지는 그 규모는 오프라인보다 훨씬 더 큰 규모가 될 것이다. 나는 '아딸' 하면 내가 만들어 먹는 것보다 더 믿을 만한 곳이라는 인식을 주고 싶다. 고객이 저 회사는 비리가 있다면 숨기기보다 먼저 얘기할 회사로 믿는 신뢰의 기업이고 싶다.

그리고 '아딸'은 투명해서 행복하다. 요즘 고객은 똑똑하다. 자판만 몇 번 두드리면 제품, 노동 관행, 환경 기준 준수에 대한 정보에 접근할 수 있다. 인터넷에서는 고객의 수다를 막을 수 없다. 과거의 기업은 고객의 힘을 무시하거나 문제를 해결하는 데에만 급급했다. 그러나 그런 시대는 지나갔다. 위기를 극복하려면 기업은 더욱 투명해져야 한다.

진통제인 타이레놀은 존슨앤존슨의 효자 상품 가운데 하나이며 우리에게도 널리 알려져 있다. 1982년 9월 어느 날 시카고에서 한 남자가 타이레놀을 먹은 당일에 사망하고 역시 같은 날 타이레놀을 먹은 부부가 이틀 뒤에 사망한 사건이 발생했다. 이는 존슨앤존슨이 고객의 신뢰성을 잃고 브랜드 이미지에 커다란 타격을 받은 사건이었으며, 기업의 가치와 신용 등급도 추락할 수 있는 중대한 사건이었다. 제임스 버크 당시 회장은 리콜로 인한 손실보다는 소비자를 보호하는 모든 방법을 취했다. 곧이어 최선을 다하며 진행 경과를 투명하게 언론을 통해 발표했다. 타이레놀은 사고 발생 이후 오히려 이미지가 개선되었다. 조사 결과 제품

이상이 아니라 누군가 악의적으로 타이레놀 캡슐을 뜯고 독극물을 넣은 것으로 밝혀졌다. 이 조사 과정에서 존슨앤존슨이 미국 전역에 팔려 나간 타이레놀 전량 회수 작전을 펼치는 등 원인 규명에 적극 나서 정확한 정보를 제공하면서 소비자들은 윤리적 태도를 신뢰하기 시작한 것이다.

소비자들은 언제나 기업의 책임감을 요구한다. 그리고 기업이 얼마나 윤리적인가에 집중한다. '아딸'은 각종 법상에서도 문제가 없는 회사임을 자부한다. 현재는 아르바이트 없이 모두 정식 직원으로 전환했다. 사람 장사는 거시적인 안목을 가져야 한다. '아딸'은 완벽주의라기보다는 사람 냄새가 나는 원칙주의라고 할 수 있다. 사실 회사는 돈이 남아야 한다. 그것에 대해서 고민하고 집중해서 자동화 시스템을 만들어 수익률과 효율성을 극대화했다. 절약이 능사가 아니라 투자할 때는 투자해야 한다는 것이 원칙이다. 시스템도 가장 비싼 회사를 선택하게 된 것은 장기적인 안목으로 봐서 AS 등도 고려해서다. 자동화 시스템도 직원의 안전을 위한 부분도 고려하여 없던 기능도 추가하게 되었다. 오차를 줄이기 위한 아이디어가 사장으로부터 나온다. 3개월 정도 집중한 결과물이다. '아딸'은 하자 없는 기업이 되기 위해 모든 과정과 시스템을 투명하게 만든다.

'아딸'은 언제라도 문제가 있으면, 비용이 아무리 들더라도 고치는, 그래서 지금까지 그러했듯, 앞으로도 단 한 번도 고발성 프로그램에 등장하지 않는 회사, 선한 기업이 되고 싶다. 그래서 그 기업이 가지고 있는 신뢰도만으로도 존재 가치가 있는 기업이고자 한다. 나는 규모가 크지는 않지만 신뢰와 믿음의 기업이기를 원한다.

## 사업의 다각화, 글로벌 아딸과 듀셀브리앙

좋은 브랜드란 고객이 브랜드를 경험할 때마다 친숙한 느낌이 들어야 한다. 내부적으로 역동적인 원칙을 고집하면 그 후 모든 직원이 행동으로 연결되어야 한다. '아딸'은 세계 어느 곳에 있든지 핵심 가치, 분위기, 감동이 똑같아야 한다. 그래서 한번 찾아온 고객이 자꾸 아딸을 생각나게 해야 한다.

'아딸'의 해외 진출은 사람 때문에 시작한 것이다. 중국 진출의 경우도 중국에서 '아딸'을 하고 싶다고 찾아온 사람에 의해 시작되었다. 베이징 대학을 졸업한 우리나라 사람이 있었다. 나는 내가 만족할 때까지 직영점에서 일을 배울 수 있겠냐고 물었다. 그랬더니 기꺼이 하겠다고 시작했다. 그 후 본사에서 일을 하면서 중국 팀을 꾸리기 시작했다. 여섯 명의 팀원을 모아 중국으로 보냈다. 그 탄탄한 인적 자원을 기반으로 현재 2호 점까지 오픈하는 등 아딸의 인기는 확장되고 있다.

'아딸'은 오랜 준비 끝에 작년 토털 플라워 브랜드인 듀셀브리앙(dusel brillant)을 론칭했다. 듀셀브리앙은 소금(sel)과 빛(brillant)이라는 의미를 가진 꽃 공간으로 바쁘게 살아가는 현대인들이 차를 마시며 여유를 즐기고, 아름다운 꽃을 보며 행복을 느낄 수 있는 휴식 공간이다. 플라워, 플라워 아카데미, 플라워 카페를 통해 일상생활에서 꽃을 친근하게 즐길 수 있는 문화, 대중과 함께할 수 있는 꽃 문화 소통 공간으로 자리 잡고 있다. 온라인 듀셀브리앙을 통해, 플로리스트가 직접 만들어 배달하는 프리미엄 꽃배달 사업이 시작되었다. 기존 꽃배달 시장은 저렴하지만 품질이 떨어지거나, 고급화되어 가격대가 높은 시장만 존재했다.

듀셀브리앙은 품질은 보장하면서도 합리적인 가격으로 전국 배송을 진행한다. 떡볶이 집이 전국에 2만 개 깔려 있을 때 아딸이 등장해 1인자가 되었듯이, 듀셀브리앙도 전국 2만 개 꽃집에 새로운 바람을 불러올 것이다.

# 3장

# 공생과 상생, '아딸'과 함께하면 최고가 된다

"나는 산업적 생산성의 반대말로서 '상생'이라는 말을 쓴다. 상생이라는 말로 사람들의 자발적이고 창조적인 교류, 그리고 사람들과 환경이 맺는 관계를 나타내고자 한다. 상생은 관계 속에서 활발하게 살아가는 일, 가치와 의미를 인식하는 일이다."(이반 일리치)

'아딸'은 협력업체 사장과의 공생과 상생의 관계가 기가 막히다. 특정한 업체가 들어올 경우 100퍼센트를 지원하고 물량을 확보케 해 주어 최고의 업체로 만든다. 업체가 결정된 경우에는 사장의 마인드를 점검한다. 직접 일하지 않는 사장은 탈락시킨다. 납품업체 사장은 오너이면서도 기술자이어야 한다. 현재 사장들은 품질 면에 있어서든 규모 면에 있어서든 베스트들이다. 처음에 그들은 투자금을 본사에서 빼앗아 가지 않을까 염려했다. 하지만 이런 경우는 한 번도 없었다. 다만 품질과 관련된 부분만은 엄격히 관리하고 리베이트와 접대가 없는 회사, 5년이 넘도록 대표이사와 만남이 없는 회사, 모든 미팅은 회사 내에서 이루어지는 회사로만 등장한다. 제품으로 승부한 업체는 결코 본사의 입장에서도 버릴 수 없다. 혹 업체 사장이 다른 일로 회사가 어려워졌어도 음식 관련으로 문제가 없다면 '아딸'은 결코 버리지 않는다. 지독할 정도로 공과 사를 명확히 한다. '아딸'이 업체를 선택한다면 그 업체의 기술력은 무조건 향상된다. 현재 탕수육 납품업체에도 기술을 지원했고 아딸에서만 볼 수 있는 맛있고 식감이 좋은 탕수육을 만들고 있다.

### 공장 자동화 시스템

처음 체인점 사업을 시작할 때도 그랬지만, '아딸'이 유명해질수록, 본사를 운영하는 대표로서 걱정이 늘어 갔다. 분식을 포함한 일반적인 먹거리 생산업체들의 비위생적인 생산 시설과 노동 집약형 생산 방식 때문이었다. 체인점 사업을 시작할 무렵인 2005년부터 '아딸'은 이를 개선하기 위한 노력을 기울였다. 버는 돈의 대부분을 이곳에 쏟아부었다. 자동화하는 과정도 중요하지만, 그 과정을 통해 오히려 제품 질이 좋아지고, 납품 단가를 낮출 수 있어야 했다. 쌀떡 공장을 예로 들면, 쌀을 씻고, 떡을 찌고, 떡을 만들고, 포장하는 전 단계가 자동화되어 있다. '아딸' 쌀떡은 어떤 화학 첨가제 없이 쌀과 소금, 그리고 물로만 만드는데도, 식감이 쫄깃하고 조리했을 때 떡이 퍼지지 않는다. 이것은 떡을 조형하는 과정에 반복적인 절구질과 특수 회전 날개를 이용한 마찰력의 극대화로 떡에 탄성을 주기 때문에 가능하다. 게다가 완성된 떡을 찬물에 담궈 그 탄성을 배가시킨다. 이때 찬물이 담겨 있는 대형 용기는 냉각

순환 방식을 적용해 뜨거운 물은 자연스럽게 배출되게 하여 자동적으로 물 온도를 유지시킨다. 이렇게 만들어진 떡은 자동으로 물기를 제거한 후 포장된다. 포장된 떡은 서로 달라붙는 것을 방지하기 위해 긴 진동 터널을 통과한 후, 세로로 세워서 박스 포장되어 배송된다. 다른 사람이 보기에는 쌀떡 하나 가지고 너무 호들갑 떠는 것 아니냐고 할 수도 있다. 하지만 이렇게 만든 쌀떡이기에 점주는 떡을 떼기 위해 한 사람을 더 채용할 필요도 없어졌고, 고객은 퍼지지 않은 떡볶이를 먹을 수 있게 되었고, 본사는 남들보다 20퍼센트 이상 저렴하게 떡을 납품할 수 있게 된 것이다.

지금은 쌀떡, 밀떡, 순대, 튀김 가루, 떡볶이 소스, 허브 탕수육, 어묵을 포함한 전 제품이 깨끗한 자동화 시설에서 생산된다. 이 지면에서 생산 공장과 설비에 대한 모든 것을 공개할 수는 없다. 하지만 이것만은 분명하다. '아딸'에서 팔고 있는 모든 제품은 쌀떡 생산 공장이 그러했듯, 문제에 부딪힐 때마다 이를 극복하기 위해 최선을 다했기에, 언제나 최상의 결과물을 얻었다. 각 분야 설비 전문가도 아닌데, 어떻게 가능하냐는 질문을 많이 받는다. 그때마다 이렇게 대답한다. "지독한, 처절할 정도로 지독한 집중이 그것을 가능하게 하였다."라고.

나는 자신한다. 나와 우리 직원들은, '아딸'과 관련된 모든 분야에서 전문가들이다. 우리가 말하는 모든 분야란, 식재료 선별, 원재료 생산, 설비, 포장, 유통과 같이 다른 음식 프랜차이즈에서 크게 관심 없어 하는 분야를 말한다.

## 따뜻한 '아딸' 그리기

'아딸'은 "가족이 행복한 세상을 꿈꿉니다."라는 슬로건으로 다양한 나눔 활동을 통해 모든 가족, 모든 사람이 행복한 세상을 만들며 사회적 책임을 다하는 기업으로 성장해 나가고 있다. 다양한 PPL과 이벤트도 다양한 연령층과 가족들이 참여하고, 즐길 수 있는 방향으로 진행되고 있다. 2012년에는 '국민 남동생'으로 떠오른 여진구의 친근하고 밝은 이미지를 통해 고객들에게 더욱 친숙하게 다가가 젊고 발랄한 브랜드 이미지를 만들었다. '아딸'의 판매 촉진 수단은 크게 ATL과 BTL로 나누어진다. ATL은 명시적 프로모션으로 5대 매체를 중심으로 이루어지고 TV광고와 라디오 광고를 중심으로 진행하고 있다. BTL은 지속적인 이벤트와 스폰서십, PPL 등을 통한 타깃 고객층을 세분화해서 고객에서 어필할 수 있는 커뮤니케이션 방법으로 접근하여 고객들이 능동적으로 참여와 경험을 할 수 있는 참여의 기회를 적극적으로 제공하고 있다.

**광고**

ATL(TV CF)

2009년 모델: 장윤정

한국인의 평생 별미라는 컨셉트로 아딸을 전국적으로 알린 계기가 되었다.

TV CF의 대대적인 집행을 통해 떡볶이 시장을 활성화하고 그 선두에 아딸이 있음을 알리는 데 일조했다.

2010년 모델: 최강희

'요리가 된 떡볶이, 아딸'이라는 컨셉트와 CF로, 아딸 떡볶이를 길거리 음식이 아닌 '깨끗하고 위생적인 요리'라는 개념으로 끌어올렸다.

2030 여성들에게 영향력이 큰 패셔니스타 최강희를 모델로 기용하면서 아딸 떡볶이를 기존 떡볶이 업계와 격이 다른 프랜차이즈로 격상시키며 고급화시키는 데 성공했다.

ATL(라디오 CM)

"아딸 아딸 아딸 아딸 떡볶이 들어는 봤나 그 이름
아버지가 만든 허브 튀김, 딸이 만든 떡볶이
한국인의 평생 별미 아딸 떡볶이."

— 2009년 모델: 장윤정, 박현빈 라디오 copy(장윤정)


"떡볶이 매콤 달콤 튀김은 향긋 향긋 아딸 아주 죽여 줘요."

— 라디오 copy(박현빈)


당시 친근한 트로트 장르로 큰 인기를 얻고 있던 장윤정과 박현빈이
부른 아딸 CM송은 귀에 쉽게 들어오는 목소리와 멜로디로 어린아이부
터 사오십 대 남성까지 누구나 부르고 다닐 정도로 크게 유행했다. 이러
한 라디오 송출은 고객들에게 아딸을 인지시키며 급격한 매출 상승으로
이어졌다.

"안녕하세요. 최강희예요. 슬슬 출출해질 시간이네요.

매콤달콤한 떡볶이에 바삭바삭한 허브 튀김.

음~ 생각만 해요.(꿀꺽)

그럼, 강희는 아딸 떡볶이 먹으러 이만~ 한국인의 평생 별미 아딸."

— 2010~11년 모델: 최강희 2011년 copy


ATL(TV CF, 라디오)

2012년 모델: 여진구

2012년 '국민 남동생'으로 떠오른 여진구의 친근하고 밝은 이미지를
통해 고객들에게 더욱 친숙하게 다가가며, 젊고 발랄한 브랜드 이미지를
만들어 나가고 있다.

## PPL

### 2010년 「아버지와 딸」 드라마 PPL

처음으로 진행한 드라마 PPL. 아버지 튀김, 딸 떡볶이의 줄임말인 아딸의 뜻과 연관성 있는 드라마 제목으로 제작 지원하며 PPL을 진행했다. 드라마 직업군으로 실제 아딸 매장에서 촬영을 하는 장면을, PPL을 통해 아딸을 노출시켰다.

### 2011년 「보스를 지켜라」 드라마 제작 지원

아딸 모델이었던 최강희 주연인 「보스를 지켜라」 드라마를 제작 지원하여, 보다 젊은 층에게 아딸을 노출하여 인지시켰다.

### 2012년 일일 드라마 「오자룡이 간다」 PPL

드라마 주인공 동생의 직업군으로, 아딸의 창업 시스템, 아딸의 원칙을 드라마에 녹여내 시청자들에게 아딸의 스토리를 자연스럽게 인지시켰다.

## 문화 프로모션

아딸은 전 연령층이 즐길 수 있는 다양한 문화 프로모션을 매달 진행하고 있다. 영화 · 연극 · 콘서트 등의 문화 프로모션을 진행하고 있으며, 페이스북(www.facebook.com/addal1972), 아딸 네이버카페(http://cafe.naver.com/otspace), 아딸 홈페이지(www.addal.co.kr)를 통해 고객들의 쉽게 참여할 수 있다.

**언론에 소개된 아딸**

아딸만큼 언론에 자주 보도되는 업체는 많지 않다. 아딸에서 알리고자 하는 일을 끊임없이 보도자료로 작성해서 내보내기 때문이다. 아딸은 끊임없이 다양한 홍보, 마케팅, 이벤트를 진행하고, 움직이고 있으며, 기자들이 흥미를 가지고 취재를 할 이야깃거리를 제공하고 있다.

아딸의 행보는 매월, 거의 매주 방송, 신문, 잡지 등 매체를 통해 보도되고 있다.

"사람 중심 완벽주의자"



A 완벽주의자는 함께 일하는 사람들을 힘들게 만들죠. 전 그저 근심 걱정이 많고, 고민이 많은 편입니다. 그래서 남들보다 준비 기간도 길고 꼼꼼하지요. 일을 준비하고 진행하는 부분에서는 실수하지 않으려고 부단히 노력하는 편입니다. 즉 준비는 철저하게, 실행은 신속하게, 그리고 결과는 겸허히 받아들이는 편입니다. 경영자가 이 정도면 같이 일하는 직원들은 몸은 힘들어도 마음은 편하지 않을까요?



A 초중고를 다니는 동안, 성적으로 1등한 적은 한 번도 없습니다. 오히려 성적은 그리 좋지 못한 편이었지요. 그런데 미술을 무척 좋아했고 특히 만들기를 잘했습니다. 이런 손재주가 나중에 사업할 때 도움이 되었습니다. 대학 때는 장학금을 받기도 했지만, 전공이 국문학이어서 그런지 1등은 못해 봤습니다. 그저 친절하고 착한 평범한 학생이었죠.

**A** 저희가 올해 대구 동성로에 매장을 오픈하면서 이런 문구를 사용했습니다. "아딸은 1등이기 전에 리더입니다." 한 브랜드가 특정 분야에서 1등을 한다는 것도 힘들지만, 그 분야를 선도해 가고, 모범이 된다는 것은 더 힘이 들더군요. 아딸이 독점하고 있는 떡볶이 시장에 새로운 도전자들이 많이 나오고 있습니다. 저희 아딸이 리더로서의 본분을 잊지 않는다면, 저희는 오랫동안 브랜드 가치를 유지할 것입니다. 체인점을 만들고 유지하는 것은 두렵고 책임감이 큰 일입니다. 항상 겸손한 마음으로 최선을 다해야 합니다. 저희는 100년 후에도 아딸을 꿈꿉니다.



**Q** 훈련을 많이 하면 그렇지 않은 쪽보다 성공에 가깝다고 합니다. 아딸에게 훈련은 어떤 의미가 있나요?

**A** 타고난 재주나 우연한 기회, 혹은 좋은 시기 덕분에 성공했다고 말하는 사람이 있다면, 지독히 겸손한 사람이거나, 아니면 순간적이고 일시적 행운을 성공이라고 착각하는 사람입니다. 성공에 대해서는 다양한 기준이 있습니다. 하지만 성공한 상태가 오랫동안 지속되지 않으면 그것은 진정한 의미의 성공이 아닙니다. 훈련은 바로 그 부분에서 필요한 게 아닐까요? 훈련은 성공을 지속시키는 에너지입니다. 아딸이 성공

할 수 있었던 것은 사람 중심의 지속적이고 반복적인 훈련과 연구, 그리고 지독한 인내 덕분입니다. 물론 음식에 대한 겸손함, 고객에 대한 성실함, 직원에 대한 애틋함도 큰 힘이 되었습니다. 하지만 그것만 있었다면 지금도 장사 잘되는 대박집 몇 개를 운영하는 떡볶이집 사장으로 살고 있었을 겁니다.

"한계는 있으나 한계는 없다"

**Q** 우직하게 한길을 가는 아딸에게서 한계를 발견하기란 쉽지 않습니다. 한계를 만날 때가 있습니까? 그럴 때는 어떻게 극복해 나가시나요?

**A** 사실 모든 분야에서 한계를 느낍니다. 하지만 한계다 싶을 때도 평소처럼 생활합니다. 한계를 느낀다는 것은 그만큼 제가 빈자리를 인식하고 부족한 부분을 인정한다는 겁니다. 하지만 오늘 깨어 있으니 내일도 깨어 있을 것이고, 그렇다면 쓰러지지는 않을 겁니다. 반석 위에 서 있는데 바람을 두려워할 필요가 있을까요.

**Q** 가난하고 힘겨운 개척 교회 목회자 부모님은 대표님께 한계였나요 아니면 사명이었나요?

**A** 아버님이 목회자이신 게 불편한 점도 있었지만, 창피하거나 한계라고 생각하지는 않았습니다. 비록 지금은 사업을 하지만, 저는 신학대학원을 다닌 것을 참 다행이라고 생각합니다. 부모님이 목회자이신 것이, 그리고 제가 신학대학원을 나온 것이, 제가 사업을 하고 일상생활을 해 나가는 데 큰 도움이 됩니다. 항상 겸손하고 검소하며, 절망 속에서 희망을 잃지 않는 이유는 믿고 의지할 부모님과 신앙이 있었기 때문입니다.

**Q** 흔히들 자영업을 꿈꾸는 사람들의 90퍼센트가 외식 산업에 뛰어든다고 합니다. 대표님이 보시기에 현재 한국 외식 시장은 어떤 상태이며, 그중 '아딸'이 끼치고 있는 긍정적인 파급 효과는 무엇일까요?

**A** 한국의 먹거리 창업 시장은 질적으로나 양적으로 놀랄 정도로 성장했습니다. 전문·고급 먹거리 분야가 대중화·체인화된다거나(메드포갈릭, 블랙 스미스), 평범한 음식이 체인이 된다거나(아딸, 본죽)하는 일은 앞으로도 지속될 겁니다. 그런데 외식 산업에 뛰어드는 기업(대기업 포함)이 많아질수록, 먹거리 산업의 본질에 집중하는 사람만이 살아남을 것입니다. 좋은 먹거리, 정직한 주인(점주), 착한 가격을 유지할 수 있는 브랜드만이 생존하는 치열한 경쟁 구도가 이미 시작된 거죠. 아딸은 그 경쟁 한가운데에서 소비자 편에서 여론을 선도하고, 질 떨어지는 제품군이 시장에 진입하지 못하도록 감시자 역할을 할 것입니다.

"아딸만의 스토리텔링"

**Q** 아딸은 스토리텔링 기업이라 해도 과언이 아닙니다. 처음 '자유시간'을 할 때도 대표님의 아내가 승무원 복장을 했고 이대점을 열 때도 공사를 하면서 아버지와 딸의 이야기를 자연스럽게 노출했습니다. 아딸은 처음부터 맛, 청결, 서비스를 강조하면서 복장과 인테리어, 스토리텔링에 집중해 왔는데, 스토리텔링은 지금도 가장 많이 강조하는 마케팅 키워드 중 하나입니다. 정성과 재치가 담긴 아딸만의 스토리가 자연스럽게 고객의 감성을 터치했다고 볼 수 있지요.

**A** 그렇지 않아도 저희 아딸 마케팅 전략을 분석하셨던 분들이 '스토리텔링 기법에 충실'했다고 평가하더군요. 대단한 전략이 있었던 것은 아닙니다. 그저 스토리가 있고, 말할 수 있는 재주가 있으니 자연스럽게 스토리텔링이 된 듯합니다. 하하, 너무 쉽게 이야기했나요? 사실 스토리텔링 마케팅 기법은 의도했든 의도하지 않았든 저희 아딸이 지속적으로 이용해 온 전략입니다. 아딸은 스토리를 가진 가게로 시작했습니다. 브랜드명을 지을 때도, 그후 매장 인테리어를 할 때도, 보도 자료를 쓸 때도 항상 염두에 두고 진행했습니다. 지금도 홍보팀 인원만 열한 명을 두고 '아버지 튀김, 딸 떡볶이'의 감동적인 스토리텔링을 만들고 있습니다. 2대가 일을 하니까 가족을 강조할 수 있었어요. 사람을 소중하게 생각하니 이런 스토리나 아이디어도 나오는 것이고 아이디어를 받아 줄 수도 있었다고 생각합니다.

"사람이 먹는 음식을 가지고 적당히 타협하지 않겠습니다.
투명하기에 행복한 기업이 되려 합니다.
맛있고, 깨끗하고, 건강하게,
원재료 구입, 생산, 유통, 조리 과정 모두에
소비자 건강을 결부시키겠습니다.
'아딸' 하면 내가 만들어 먹는 것보다
더 믿을 만하다는 인식을 주고 싶습니다.
규모가 크지 않더라도 신뢰와 믿음의 기업,
오래가는 기업을 만들고 싶습니다."

"장사를 하다 보면 사람과 돈 사이에서 갈등을 하게 되지요.
그 사람이란 제일 가까이 있는 가족부터
직원, 고객, 협력업체 모두이지요.
돈 때문에 사람을 서운하게 해서는 안 됩니다.
성공은 돈을 많이 버는 데 있는 게 아니라
사랑하는 사람들과 행복한 삶을 사는 데 있습니다."

# 06

# 진실하게,
# 간절하게,
# 행복하게

**이경수의 행복론**

행복은 돈보다 사람을 소중하게 여기는 것에서부터 출발한다. 내가 행복해야 가족이 행복하고 가족이 행복할 때 이웃과 사회로 확대될 수 있다. 행복하기 위한 구체적 방법은 무엇일까.

첫째, 내가 먼저 행복해야 한다. 행복하려면 나를 먼저 채워야 한다. 몸을 해치는 어떤 것도 즐기지 말고 몸을 건강하게 만들어야 한다.

그리고 전문적인 지식으로 속을 채우며 도덕적 기업가 마인드를 갖추어야 한다. 마음 속 분노를 다스리고 나를 사랑하는 마음은 기본이다.

행복은 저절로 오는 것이 아니다. 나 자신이 행복해지도록 치밀하게 준비하고 점진적으로 발전해 나가야 다음 단계의 행복을 얻을 수 있게 된다.

둘째, 내가 행복해진 후 돌아보아야 할 첫 번째 대상은 바로 가족이다. 가족이 행복하려면 서로 사랑해야 한다. 부부는 한 사람, 아내(남편)를 평생 마음을 변하지 않도록 사랑해야 한다. 자녀에게 가장 정직하고 모범적인 인생살이를 보여주어야 한다. 그리고 나를 낳아 주신 부모님께 효도해야 한다.

셋째, 가족이 행복해진 다음에는 이웃의 행복을 돌아보라.

세상 어떤 일이든 가족이 똘똘 뭉쳐 서로를 도울 때에 성공에 이를 수 있는 확률은 높아진다. 가족이 꼭 피로만 엮어진 공동체라고 생각하지 않는다. 나는 이웃도 내 가족으로 둔다.

'아딸'의 또 다른 가족은 점주, 고객, 협력업체 모두를 말한다. 그들 모두가 행복해지는 그날을 위해 나는 오늘도 경영 위에 진심을 둔다.

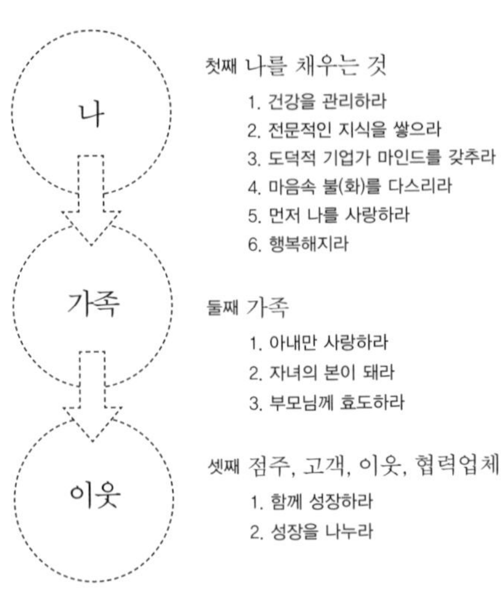

## 오래, 건강하게, 백 년 기업을 표방하다

'아딸'은 오래가는 회사를 목표로 한다. 아딸을 믿고 전 재산을 투자한 사람들이 잘못되지 않아야 한다. 아딸의 가치가 지속되도록 끊임없이 준비하고 계획할 것이다. 기업이 잘못되는 것은 외부적 요인보다는 내부적 문제가 더 크다. 초심을 잃어버리는 것도 쇠락의 원인이 된다. 자꾸 올라가야지 그 자리에 안주해 있으면 밀리게 된다. 삼성의 이건희 회장이 처음 반도체 회사를 만들었을 때 아버지인 이병철 회장은 너무 막대한 투자가 들어가니까 반대했다고 한다. 하지만 이건희는 반도체 사업을 고집하며 개인 돈으로 인수했다. 그것이 지금 삼성을 움직이는 중요한 사업이 되었다. 미래를 예측하고 아버지의 반대를 무릅쓰고 추진했다. 만약 그가 아버지의 말을 듣고 자신의 의지를 꺾었다면 이건희의 시대는 오지 않았을지도 모른다.

'아딸'도 여기서 멈추면 사라지는 기업이 될 것이다. 끊임없이 맛과 서비스, 디자인, 시스템, 직원의 마음가짐을 점검하며 나아가야 한다. 물은 흘러야지 고여 있으면 안 된다. 직원들은 자기 부서 일에 익숙해지면 안주하기 쉽다. 교육팀은 교육만 하고, 총무팀은 총무 일만 본다. 끝내야 할 일을 놓아둔 채 6시니까 퇴근해야겠다고 나간다. 이런 안이한 생각을 가진 구성원이 모여 있으면 여기서 끝나는 것이다. 조직의 구성원들이 일어나 달릴 수 있도록 끊임없이 일을 만들어 내야 한다. 백년기업을 만들어야 한다. 그러기 위해서는 오늘을 아무렇게나 보낼 수 없다. 나는 오늘까지 이룬 것을 가지고 회사를 팔아서 그것만 써도 평생 다 못 쓰는 돈을 받는다고 해도 멈출 생각이 없다. 모두가 행복한 세상을 이루기 전까지는 노력하고 싶다. 그래서 성공을 누리는 것은 미루지만 나눔은 미루지 않으려고 한다. 돈과 함께 마음도 가는 진짜 기부를 하고 싶었다. 돈으로 때우는 기부가 아니라 마음이 우러나오는 나눔을 하고 싶다. 아딸은 여러 단체에 가서 일손을 거들며 시간을 보낸다. 강동 복지관을 돕고 홀로 사는 노인을 찾아가 벽지와 장판을 손봐 주고 보일러도 놓아 준다.

젊은이들을 만나면 나는 늘 이렇게 말한다. 아르바이트를 하든, 취직을 하든 거기에 올인하라고. 커피숍에서 서빙을 하더라도 이 커피숍이 어떻게 운영되는가 하는 것을 살피는 사람의 내일은 다르기 때문이다. 어떻게 운영되고 어떻게 이윤을 남길까 하는 건 사장의 마인드이지만 아르바이트를 하는 내가 그런 고민을 한다고 해도 문제될 것은 없다. 좀 더 발전시켜 보자. 어떻게 하면 장사가 잘될까, 어떻게 하면 음식을 잘 만들 수 있을까, 어떻게 하면 손님이 없는 시간을 채울 수 있을까를 고민해 본다. 직장인들이 많은 지역이고 아침에 손님이 별로 없다면 모닝 세트를 제안해 본다. 가게의 문제를 사장처럼 고민하는 사람이 되어야 한다. 주유소에서 아르바이트를 하더라도 시키지 않은 서비스를 하는 사람이 있다. 기름을 넣는 동안 가만히 있지 않고 손님 차의 백미러를 닦아 준다. 그러면 손님은 그 친구 때문에 또 올 수 있다. 사장이 눈여겨봤다면 정식 직원으로 채용할 것이다. 그렇게 몰두해 일하면 언어가 달라지고 행동이 달라지고 자신의 삶이 바뀐다. 자신의 삶이 어떻게 진행될지 장담할 수 있는 사람은 아무도 없다. 하루하루를 최선을 다해 살면 모두가 제 길을 찾게 될 것이다.

# 1장

# 떡볶이 하나로 시장을 만들다

긍정 심리학 분야의 대표적인 연구자인 미국의 심리학자 미하이 칙센트미하이는 '창의적'이라고 불릴 만한 아이디어나 업적은 한 개인의 머리에서 나오는 것이 아니라 여러 조건이 어우러져서 빚어내는 상승 작용의 결과라고 말한다. '아딸'은 대표적인 길거리 음식인 떡볶이를 가지고 시장을 만들었다. 떡볶이를 만들어 장사를 하겠다는 것은 다들 할 수 있는 생각이다. 그러나 우리나라 사람들의 평생 별미인 떡볶이를 어떻게 하면 더 맛있고 깨끗하게 먹을 수 있을까를 고민하고 작게나마 '자유 시간'에 적용했고, 이후 하나씩 매장이 늘어 갈 때마다 시장의 환경을 변화시키도록 노력하는 것은 아무나 하지 못한다. 미하이 칙센트미하이의 말처럼 창의성을 향상하고 개발하기 위해서 떡볶이 사업의 환경을 읽고 변화시켜 왔던 것이다. 남들은 어림없는 도전이라고 비웃었지만 나는 오랜 노력 끝에 떡볶이 관련 시장을 만들었다. 내가 하는 일을 사랑했기에 가능했다. 비록 떡볶이지만 세상 어떤 훌륭한 제품을 만들어 내는 것보다 더 정성을 다했다. 지금 외식 시장에서 떡볶이가 차지하는 비율은 크다. '아딸'은 이제 전국 1,000개의 가맹점을 바라보고 있다. 정직과 성실로 똘똘 뭉친 1,000개 매장의 변화란 대한민국 전체에서 결코 작은 변화가 아닐 것이다. 창조적 결과물은 우연히 얻어지는 것이 아니라 개인이 어떤 목적에 달성하기 위한 노력이라고 생각한다. 나는 강연에서 항상 누구나 할 수 있다고 강조한다. 평범하기 짝이 없었던 내가 새로운 시장을 만들고 외식 산업에 큰 반향을 일으키고 원칙과 소신으로 사람들에게 신선한 충격도 주고 있다. 이 정도면 정말 누구나 성공할 수 있다는 말이 과장이 아니지 않는가.

그러나 모든 성공에는 한 가지 조건이 있다. 바로 일찍 포기해서는 안 된다는 것이다. 어려움이 닥칠 때 넉넉하게 이길 배포가 있는가, 실패는 바로 나 때문이었다고 생각하고 스스로를 변화시킬 준비가 되어 있는가, 어려움이 닥치면 더욱 가족을 사랑하고 한마음이 되는가 하는 점이다. 성공에 대한 끓는 열정이 있어도 위기가 찾아오면 쉽게 포기하는 사람들이 많다. 가족을 버리고 나 자신을 버리는 사람이 너무 많다. 이런 사람들 때문에 성공은 누구나 할 수 있지만 아무나 할 수 없다는 논리가 필요하다.

# 2장

# 작은 것을 얻고자 하면 큰 것을 잃는다

'소탐대실(小貪大失)'이라는 말이 있다.

전국 시대 진(秦)나라 혜왕(惠王)은 서쪽의 촉(燭)을 정벌하기 위해 군대를 거느리고 출정했다. 그렇지만 중원에서 촉으로 가는 길은 대부분 까마득한 계곡을 낀 가파른 벼랑 중턱의 협로이거나 험악한 산길이어서 큰 병력이 신속하고 효율적인 진군을 하기에는 절대 무리였으므로 철수하고 말았다. 한 신하가 내놓은 생각을 실행에 옮겼다.

옥이 산출되는 산에서 집채만 한 옥괴(玉塊)를 캐어 수도로 운반한 다음 황소를 조각했다. 그 후 그 안을 파서 돈과 비단을 잔뜩 넣고, 촉왕한테 선사할 예물이라고 떠들었다. 그 바람에 옥우(玉牛)를 다듬는 장소 주변에는 항상 인산인해를 이루었고, 그 소문은 바람을 타고 사방으로 널리 퍼져 나갔다. 이 소문을 들은 촉의 왕은 그 선물을 하루라도 빨리 받고 싶어서 큰길을 내주었다. 드디어 길이 완성되자, 혜왕은 거창한 예물 행렬을 촉을 향해 출발시켰다. 특별히 제작한 대형 수레에 옥우와 다른 예물을 잔뜩 실었고, 그 예물을 도중의 약탈 위협으로부터 보호한다는 구실로 중무장한 정병 수만 명이 앞뒤에 붙었다. 이윽고 예물 수레가 촉의 도성 안에 들어왔고, 아울러 진나라군들도 성문을 그대로 통과했다. 결과는? 준비도 되지 않는 촉은 진나라군에게 완전히 박살이 났다. 촉의 반항 세력을 완전히 제압한 진나라군은 궁궐에 진입하여 욕심꾸러기 촉왕이 그동안 모아 놓은 재물을 약탈하여 징발한 수백 대의 수레에 잔뜩 싣고, 한편으로는 옥우 속에 넣어 왔던 물건까지 꺼내어 실은 다음, 빈 껍데기는 버린 채 유유히 개선길에 올랐다.

나는 학생들을 사랑한다. 학생들을 사랑하는 이유는 그들이 내 사업의 고객이어서만이 아니다. 그랬다면 수익을 많이 남기기 위해 최선을 다했을 것이다. 사업의 차원이 아니라 희망으로, 또 꿈으로 학생들을 사랑했다. 실제로 '자유시간'을 운영하면서 아이들의 이름을 불러 주면서 사랑했고, 이대 앞의 '아버지 튀김, 딸 떡볶이'에서는 대학생들에게 수많은 협찬을 하면서 키다리 아저씨 노릇을 하면서 사랑했다. 자라나는 아이들에게 좀 더 몸에 좋은 간식을 먹이도록 신경 썼고 밝은 미래를 꿈꾸는 대학생들에게도 비록 간식이지만 주식이 될 정도로 맛과 영양에 신경을 썼다. 가게를 열고 사람들에게 조금씩 알려지면서 축제 때가 가까워지자 이대생들이 협찬을 요청하기 시작했다. 동아리별로, 과별로 요청하는 때와 사안이 다양했다. 때와 경우에 따라서는 하루 매상과도 같은 금액을 내놓을 정도로 어느 행사에나 협찬했다. 그들이 부탁하는 대로 했다. 절대 깎지 않았다. 학생들의 마음이 즐겁기를 바랐다. 협찬이 잘된다는 소문을 듣고 옆 동네 연세대에서도 찾아왔다. 그때도 나는 즐거운 마음으로 돈을 내주었다. 행사가 끝날 무렵, 협찬을 받은 학생들이 수많은 인원을 몰고 가게로 들어왔다. 내 순심을 저버리지 않았던 것이다. 이대 동문회에서 이대 앞 먹거리로 우리 가게를 소개했고, 졸업한 후 언론사에 취업한 학생들은 우리 가게를 활발하게 소개했다. 비록 당시에는 현금을 잃었지만 시간이 지나고 나는 사람을 얻은 것이었다. 작은 것을 얻고자 하면 큰 것을 잃는다는 '소탐대실'의 교훈이 내게 유효했던 것이다.

# 3장

# 스티브 잡스는 불행했다, 아딸의 행복 3계명

스티브 잡스는 천재다. 그러나 개인사나 행복의 잣대를 놓고 보자면 그다지 성공한 사람은 아니다. 너무 사업적 성공에만 치중하다가 진짜 중요한 삶을 놓치는 경우가 있다.

돈 버는 일에 미쳐서 가족을 잃어버린 어떤 분이 상담을 청해 왔다. 신문에 난 내 얘기를 읽고 창업 설명회를 듣고 면담을 하고 싶다고 해서 만났다. 내 이야기가 자신의 생각과 똑같다는 것이다. 그런데 그중에서 자신이 실수한 것이 하나 있는데 그것 때문에 인생이 망가졌다는 것이다. 단 한 번 바람 피웠던 것을 아내가 알게 되고 그 때문에 지금은 별거 중이라고 했다. 그는 이제 어떻게 하면 좋겠냐고 물었다. 돈 버는 것보다 중요한 것이 가족의 행복이고 아내가 그렇게 소중한 사람이라는 사실을 미처 몰랐다는 것이다. 나는 가만히 듣고 있다가 일단 장사를 다시 시작하라고 했다. 그리고 이것을 수습하는 게 얼마나 어려운지, 한번 엎질러

진 물은 다시 담을 수 없다고 마음에 담고 또 담으라고 했다. 아내에게 진심을 담아 빌라고 했다. 무릎을 꿇고 가슴을 찢는 반성이 있어야 한다. 그리고 참회의 눈물이 있어야 한다. 아내의 마음을 안다면 눈물이 쏟아질 수밖에 없다. 진심을 다해 참회하되 마음에서 마음으로 전달되어야 한다. 열 번 해서 안 되면 천 번 하고 천 번 해서 안 되면 만 번도 사죄한다는 생각을 가지고 해야 한다. 아내의 가슴이 그만큼 단단해졌고 그만큼 절망했다는 것을 알아야 한다. 늘 같은 마음으로 아내와 아이들에게 변한 모습을 보여 주라고 했다. 그런데 마음이라는 것은 그렇게 금방 돌아서지 않는다. 돌아선 마음을 제자리로 돌리려면 마치 따뜻한 햇볕이 비추듯이 그 자리에 계속 서 있어야 한다. 그렇지 않으면 응어리가 풀리지 않는다. 이혼을 해도 아내에게는 평생의 응어리로 남는다. 자녀들에게도 평생의 응어리가 된다. 사업을 가정 위에 두어서는 안 된다. 한 번의 실수가 개인과 가정을 완벽하게 망가뜨릴 수 있음에 항상 유의하자.

**행복하기 위한 3계명: 자기 관리, 속 채우기, 덕 채우기**

나는 사람들에게 사랑하는 사람과 행복하게 오래 살라고 조언한다. 오래 사는 것이 누군가의 조언에 따라 결정되는 것은 아니지만 그렇게 강조하는 이유는 오래 살기 위해 최선을 다하라는 얘기다. 돈을 벌기 위해서는 공부를 열심히 하고 책을 많이 보고 그리고 미쳐야 한다. 그렇다면 오래 살기 위해서는 자기를 관리해야 하고 속을 채워야 하며 덕을 채워야 한다고 생각한다.

대학에 '인경영'을 언급한 구절이 있다.

"한 집이 어질게 되면 한 나라가 어진 마음을 일으켜 어질게 되고 한 집이 겸양을 잘하면 한 나라가 겸양하는 마음을 일으켜 겸양을 잘하게 되며 한 사람이 욕심이 많으면 한 나라가 난을 일으키니 그 이치가 이와 같다."

한 집이 어질면 나라가 어질게 되고 한 집이 겸양하면 나라가 겸양하게 된다는 말은 나 자신의 변화가 미치는 영향을 말하는 것이다. 또 나 하나를 변화시키면 나라가 변화된다는 것과 닿아 있다. 기업가라면 도덕적 마인드의 기업관을 가지고 사람됨과 사람의 가치에 집중하는 어짊과 겸양을 가지고 행복하게 오래 살아야 한다.

요즘 '도덕'의 모양새가 우스워졌다. 그도 그럴 것이 도덕과 윤리 과목이 우리 관심에서 사라진 지 오래되었기 때문이다. 도덕이 교육으로 말미암아 형성되는 것은 아니지만 작금의 시대에 도덕은 교육으로라도 메워야 한다. 덕을 채워야 행복을 줄 수 있고 누릴 수 있다.

## 돈은 가슴을 채울 수 없다

행복도 계산이 가능하다. 행복학의 권위자 리처드 레이어드의 '행복에 영향을 주는 7대 요소'를 통해 행복의 정도를 스스로 계산할 수 있도록 했다.

가족 관계

재정 상태

일

공동체와 친구들

건강

개인의 자유

개인의 가치

행복에서 가장 중요한 항목은 바로 '가족 관계'다. 가족이 얼마나 서로를 아끼며 살고 있는가 하는 부분이다. '아딸'은 가족이 시작한 기업이고 현재 1,000개 매장을 눈앞에 두면서 가족의 우애와 사랑 부분은 세상 어디에 내놔도 부족하지 않을 정도다. 그다음이 '재정 상태'다. '아딸'의 재정은 투명하게 운영되고 있다. 시스템적으로 완벽하게 운용되고 있다. 과도한 사업의 확장이나 무분별한 투자를 하지 않는다. 그다음 항목은 '일'이다. 나는 일이 너무 좋다. 일에 남다른 자신감과 능력도 있다. 나뿐 아니라 아딸의 경영진과 사원 모두 일에 미쳐 있다. '아딸' 공동체는 일로 시작되었으나 개인의 행복과 성공을 지지해 주는 믿음의 공동체다. 개인과 가족의 건강을 중시하며 개인의 장점과 가치를 계발해 주는 곳이다. 나와 '아딸'은 완벽하게 행복하다. 지금뿐 아니라 10년 후, 100년 후에도 행복하고 건전한 기업이 되도록 최선을 다할 것이다.

## 당신도 혼자 될 수 있다

부부는, 서로가 지켜야 할 것은 지키면서 상대방이 자유하게 해 주어야 행복하다. 겉만 아니라 속까지 행복한 것이다. 자유함에 행복이 있다. 나는 도덕적 기업가 마인드를 가지고 신앙 안에서, 도덕 안에서, 상식 안에서의 자유를 이야기한다. 나는 즐겁게 놀아서 너무 행복한데 아내는 너무 불행하다면 그것은 올바른 행복이 아니다. 내가 행복해지기 위해서는 다른 사람도 행복하게 만들어 주어야 한다. 그 기준은 내 옆 사람에게 있다.

내 친구는 축구를 너무 좋아한다. 새벽마다 나가고 주말에는 경기 하러 나간다. 그러다 보니 아이가 아빠를 볼 수 있는 날이 없고 아내는 남편을 보지 못하고 15년을 살았다. 어느새 돌아보니 아이들이 훌쩍 커 버렸단다. 나는 그 친구에게 물어보았다.

"너 지금 행복하니?"

"그동안 행복했지"

"그럼, 네 아내는 행복할까?"

"……"

그 후 그 친구는 뒤늦게라도 아이들과 시간을 보내려고 애썼다. 그러나 아이들이 아빠와 움직이는 게 부담스럽고 재미없다고 거절을 했다고 한다. 아이는 어렸을 때부터 같이 놀아 줬어야 사춘기가 되더라도 조금은 부모와 시간을 가지려고 하는 법인데, 그 친구는 뒤늦게 많이 후회했다. 황금 같은 시간을 혼자의 행복을 위해 사용하다가 늙고 외로워지니 아내도, 아이도 심리적으로 자신을 배제하고 있다는 생각이 들었단다. 그러나 내 친구는 노력하고 있다. 열심히 노력하면 가족의 사랑으로 회복될 것이라고 나는 확실히 믿는다. 인생은 언제 혼자가 될지 모른다. 처음부터, 작은 것부터 함께 즐거워하고 함께 울어야 한다.

# 4장

# 계단 밑 천국

둔촌 본점을 시작하면서 우리 가족은 모든 것을 걸었다. 아이들에게는 2층에서 3층으로 올라가는 계단 밑에 방을 만들어 주었다. 주방에 딸린 한 평짜리 창고에서 우리 부부가 지냈다. 어려운 나날이었다. 환경은 어려웠지만 우리는 서로 위하고 사랑했다. 그런데 아이들이 친구들을 데려오기 시작했다. 계단 밑 방이 부끄럽기는커녕 재미있는 공간이 된 것이다. 어려운 시기를 생각하기도 싫은 사람이 있지만 우리 가족은 가장 행복할 때에도 그때 계단 밑 천국을 떠올린다.

창업을 하고 돈이 좀 벌리기 시작하면 섣불리 샴페인을 터뜨리는 경우가 왕왕 있다. 초기 이익금을 자신의 사익이나 개인적인 욕심에 써 버리는 것이다. 투자가 회사에 집중되어야 싹이 트고 자라나 큰 나무가 되어 더 많은 열매를 맺기 마련인데 나무가 되기도 전에 사리사욕을 채우느라 기회를 놓치는 일이 많다.

2000년대 초반 생과일 빙수 전문점이 대히트를 쳤다. 모 대학 경영학 전공의 대학생이었는데 몇 년 안 되어, 사기·도박·횡령 등의 혐의로 9시 뉴스에 쇠고랑을 찬 모습으로 얼굴을 비쳤다. 이 사람은 대학 시절 주식 투자 등으로 모은 2000만 원을 가지고 사업을 시작해 대박을 터트린 청년 사업가로, 수십 개의 체인점을 개설하면서 대학생 사업가로 신화적 입지를 굳히는 듯했다. 하지만 불미스러운 사건의 주인공으로 언론에 오르내리더니 최근에는 카지노에서 재산을 탕진하고 빚을 갚기 위해 돈을 끌어모으다 사기 혐의로 구속되었다는 소식이 전해졌다. 한 사람의 인생이 순식간에 이렇게 달라질 수 있는가. 그는 20대에 엄청난 돈을 만졌다. 그런데 왜 도박에 빠져들었는가. 성공은 누구나 할 수 있지만 그 성공은 짧게 끝날 수 있고, 한 사람의 인생을 망칠 수도 있다. 성공보다 더 중요한 것은 그것이 지속되는 것이다. 누구나 자신의 성공이 죽을 때까지 지속되고 그것이 대를 이었으면 좋겠다고 생각한다. 그렇게 되는 데에는 그 사람의 가치관과 사는 방식이 좌우한다.

나는 직원들에게 고스톱도 치지 말라고 한다. 그것에 재미를 붙이면 그 이후에는 어떻게 할 거냐는 거다. 카지노도 그냥 한 번 가 봤어 정도에서 그치지 않고 자꾸 생각나면 어떡할 거냐는 거다. 물건을 샀는데 너무 좋아서 자꾸 사고 싶으면 어떻게 할 것인가. 회사가 돈을 좀 벌면 번 것보다 더 많이 쓰게 되는 이유가 바로 이런 욕망 때문이다.

자만해선 안 된다. 초심을 잃어서도 안 된다. 돈이 있으나 없으나 변함없는 삶의 태도가 중요하다. 돈에 의해 흔들리는 삶이어서는 안 된다.

지금은 걸어 다녀도 일단 목돈을 만드는 일에 총력을 다해야 한다. 즐길 거 다 즐기고, 쓰고 싶은 거 다 쓰고, 하고 싶은 거 다하면서 미래도 있을 거라고 생각하면 오산이다. 나중에 아이들이 성장하고 정말 돈이 필요할 때는 벌고 싶어도 방법이 없다. 젊어서 놀면 늙어서는 어떻게 일을 하고 돈을 벌 수 있겠나 말이다. 젊은 시절에는 코피 터지며 일을 해도 좋다. 젊으니까. 성공은 돈을 많이 버는 데 있는 것이 아니라 삶 그 자체에 있다. 행복한 삶을 사는 것이 진짜 성공한 것이고 잘 사는 것이다.

▲ 1980년 2월, 아버지께서 대전 침례신학대학원을 졸업하시는 날. 30대 초반의 아버지와 어머니의 젊음이 눈부시다.
막내 준수와 민수 모습도 정겹다.

▲ ▲ 1998년 2월. 아버지가 다녔던 대전 침례신학대학원을 나도 졸업했다.

▲ 1998년, 어딘지는 기억나지 않지만, 아내와 두딸 세미, 세영이를 데리고 놀이동산을 찾아갔다.

▲ ▲ 듀셀브리앙에서 아내 이현경 이사와 함께. 듀셀브리앙은 플로리스트이자 요리 연구가인 아내가 오랫동안 준비해 2011년 11월 11일에 오픈한 토털 플라워 브랜드다. 플라워 카페, 플라워 아카데미, 플라워 숍, 온라인 꽃배달, 웨딩 플라워까지, 듀셀브리앙의 사업 영역은 꽃과 관련된 전 분야이다.

# 5장

# 가족은 나의 힘

둔촌동에서 고생하던 시절, 튀김을 담당하던 장인어른이 돌아가셨다. 튀김을 만들 사람이 없어졌다. 그때 아버지가 오셨다.

"아버지가 튀김 튀길까."

그렇게 아버지는 생전 해보지 않던 일을 시작했다. 목회만 수십 년 하던 분이 처음 시작한 일이니 얼마나 힘들었겠나. 무심코 기름에 손을 넣었다가 화상을 입기도 했다. 물집이 잡히고 탱탱 부었는데도 약 바른 후 장갑을 끼곤 계속 튀김을 튀겼다. 병원에 가질 않았다. 아버지가 튀김을 튀기지 않으면 안 되니까. 나와 동생은 배달을 다녔고 아내는 주방에 있었고 어머니는 전단지를 나눠 주러 다녔다. 우리 가족은 그렇게 똘똘 뭉쳐 있었다. 어려울 때 서로 원망하거나 탓하지 않고, 흩어지지 않고 똘똘 뭉쳐 그 고비를 함께 넘겼다.

주방 옆 한 평짜리 방에서 내가 말했다.

"정말 미치겠다. 집안을 살리고 싶은데 왜 이렇게 장사가 안 될까."

그러면서 내가 울었다. 우는 나를 보고 동생도 울었고 주방에서 일하던 아내도 다가와 울고, 어머니 아버지도 울고 나중에는 그냥 주방 한쪽에서 온 가족이 장사를 하다 말고 펑펑 대성통곡을 했다. 열정을 다하고 최선을 다했는데도 뭐가 잘 안 되니까 너무 슬펐다. 그러나 나는 그때를 잊을 수가 없다. 그 어렵던 시절에도 온 가족이 똘똘 뭉쳐 있었던 것이다.

창업 설명회나 강연을 할 때면 나는 반드시 가족끼리 사랑하라고 이야기한다. 가족의 힘은 어마어마한 것이다. 내가 죽을 것처럼 힘들 때 내 가족이 곁에 있었기 때문에 다시 일어날 수 있었다. 가족이 모이면 엄청난 에너지가 나온다. 한 사람과 한 사람이 모이면 두 사람의 힘이 나오는 것이 아니라 열 사람, 스무 사람의 힘이 나오는 것 같다. 돋보기로 햇빛을 모아 불을 일으키듯 에너지를 모으면 뭔가가 일어나고 힘이 폭발한다. 때로는 힘들어도 가족 전체가 모여 있으면 언젠가는 극복이 될 거라고 믿는다.

## 기회는 만들어 가는 것

'아딸'이 1,000개 가까운 체인점을 오픈했다고 하면 사람들은 대개 대단한 사람과 회사들이 모여서 만들었구나 생각할 것이다. 그런데 초기 가맹 사업의 현실은 생각보다 팍팍했다.

떡볶이 가게를 해 보려고 나에게 체인점 문의를 할 때면, 주로 이런 대화가 오갔다.

"규모가 어느 정도 됩니까?"

"체인점이 열 개 정도 있습니다."

"업종이 뭡니까?"

"분식입니다."

"매장 크기는 얼마나 됩니까?"

"8평에서 10평 정도입니다."

당연히 하지 않겠다는 답이 온다. 돈이 안 될 것 같아 보였나 보다. 하겠다고 나서는 사람들은 돈이 부족한 사람들이라 매장 꾸미는 비용을 아껴 써야 했다. 이 모든 것을 내가 하든지, 가족이 하든지 아니면 비전문가가 할 수밖에 없었다. 유통은 소형 승합차 하나 가지고 있던 사람이, 인테리어는 지인을 위해 새벽까지 창고를 만들던 사람이 맡아 했다. 초창기 팀은 모두가 가난한 사람들이고 비전문가였다. 인테리어를 맡은 분은 심지어 신용 불량자였다. 그런데 그 밤에 누군가를 위해 최선을 다한 모습으로 기회를 잡은 것이다. 자신이 최선을 다하자 누군가 그것을 본 것이다. 어디서 무엇을 하든 누군가는 그 모습을 지켜본다. 성공할 수 있는 열쇠도 내게 있고 그 기회도 내가 만들어 가는 것이다. 그런데 많은 사람은 기회는 내가 아니라 다른 사람에게 있다고 생각한다.

# 6장

# 경험은 성공의 자산이다

아버지의 뜻에 따라 대학을 다니고 신학대학원을 나온 것도 준비된 과정이었다는 생각이 든다. 그전에는 내성적이어서 말도 못하고 소극적이고 리더십도 없었다. 난 잘하는 게 없었다. 아버지가 대학을 가고 신학대학원도 가야 한다고 하는데 난 자신이 없었다. 내가 설교를 한다는 것이 상상이 안 됐다. 어떻게 많은 사람 앞에서 설교를 할까 걱정이었다. 그런데 장사를 하면서 성격이 바뀌었고 조금씩 담대해져 갔다. 지금은 수천 명이 있어도 아무렇지도 않다. 결혼식장에도 못 들어간다고 생각했던 사람이지만 지금은 텔레비전 방송에 나갈 때도 떨리지 않는다. 말하는 것이 편해졌다. 학생들을 만나 보면 다들 걱정이 많다. 그런데 나는 별로 걱정하지 말라고 얘기한다. 너희들 친구들이 사회에 나가면 똑같이 성장한다. 너희가 어릴 때 사회에 나가는 것이 아니라 너희가 사회에 나가면 너희가 어른이 되어 있고 같은 어른들끼리 사는 거니까 괜찮다. 오히려 학창 시절보다 자유롭고 하고 싶은 것도 많이 할 수 있다. 그러니까 이 학교에서 내가 뒤처진다고, 성적이 떨어진다고 걱정하지 마라. 지금 너희가 생각하는 것만큼 두려운 세상이 아니다. 나는 가난했고, 이 분야에 공부를 한 사람이 아님에도 이렇게 회사를 세우고 사업을 하면서 많은 사람과 함께할 수 있었다는 것이 아이들에게 큰 용기가 될 수 있을 것 같다. 2002년, 방송을 타고 이대점의 매출이 크게 오르던 시절의 기운이 계속되어 급성장했으면 오히려 준비할 시간이 부족해서 지금 같은 성장을 이루기는 어려웠을지도 모른다. 둔촌동에 본사를 두면서 어려워졌기 때문에 2005년까지 많은 것을 준비할 수 있었다. 떡볶이 소스, 튀김 가루 개발, 교육 시스템 정비 등을 고민할 수 있었고 시행착오를 거치면서 많은 준비를 할 수 있었다. 2005년부터 체인점이 늘어나면서 유통업체를 준비할 수 있었고, 협력업체들과 같이 꿈을 꾸게 되었다. 떡 공장 · 순대 공장 · 어묵 공장이 위생적으로 정비될 수 있게 되었고 하청업체 대표들이 위생 시설에 투자하면서 아딸의 성장을 견인했다. 그때 동참했던 분들은 지금 아딸의 성공을 함께 누리고 있다. 기회를 잡지 못했다면 그게 바로 내가 만든 그릇이다. 우리가 준비해야 하는 것은 그릇이다. 그릇을 크게 만들어 놓으면 비가 왔을 때 그만큼 채워지는 것이다. 회사를 시작하면서 직원을 6개월에서 1년 정도 미리 뽑아 훈련시킨 것도 그 때문이다. 미리 뽑아서 훈련시키지 않으면 체인점이 늘어났을 때 감당하지 못하고 무너지고 말 것임을 알았기 때문이다. 기초를 탄탄히 다지지 않으면 쌓이는 만큼 하중을 이기지 못해 무너지고 만다.

회사가 규모를 갖춘 후에는 법률단도 준비했다. 직원별로 전문가를 조직했고 초기에 결제 시스템을 전산으로 구축했다. 데이터를 축적해야 한다는 생각이 들었기 때문이다. 우리가 역사를 배우는 것도 과거 조상들이 했던 좋은 것을 잘 기리고 실수했던 부분은 반복하지 않기 위해서다. 그렇다면 기록은 매우 중요하다. 체인 문의를 하고 계약을 하고 교육을 시켰던 모든 자료가 축적되어 있어야 한다. 직원들의 방문 내용도 마찬가지다. 전자결제 시스템에 접속하면 가맹점마다 모든 기록이 다 들어 있다. AS 점검 사항, 불만 사항, 계약 연장, 교육, 매출 현황, 슈퍼바이저 업무 보고, 결제 보고, 납품 일정 등 회사를 움직이는 모든 내용이 안에 다 들어 있다. 이 내용을 볼 수 있는 등급도 1등급에서 9등급까지 다양하다. 각자의 권한에 따라서 볼 수 있는 부분이 다르다. 모든 정보가 다 정리되어 있기 때문에 담당 직원이 그만뒀을 때 후임자가 업무를 파악하는 데 도움이 된다.

'아딸'은 2002년에 상표 특허를 낸 후, 중소기업청회에서 프랜차이즈 1등급을 받았다. 전국 프랜차이즈업체 가운데 9군데가 선정되었는데 아딸이 그중 한 업체가 되었다. 나는 경영 수업을 받지는 않았지만 그래서 오히려 더 치밀했다는 생각이 든다. 초창기에 직원을 한 명 뽑아서 조금씩 회사 규모를 갖춰 갔다. 내가 모든 부분을 다 맡아 하고 있을 때 뽑은 직원은 나와 똑같이 모든 일을 다했다. 부서가 따로 없었다. 상담하고, 계약하고, 가르치고, 오픈하고, 오픈 후에 관리하고 이 모든 일을 할 수 있도록 사람을 키웠다. 그래서 아딸은 행정직으로 입사해도 현장 실습을 나가고 실무를 하고 정해진 분량을 채워야 본사에 복귀한다.

우리 인생에서 어떤 일이 닥칠지 모른다. 위급한 상황이 닥쳤을 때 자기가 하던 일 말고는 다른 일을 할 줄 모른다면 삶을 감당하기 어렵다. 그래서 지금도 신입 사원이 들어오면 현장에 내보내 장사부터 시킨다. 직장 생활을 그만두고, 마지막 위기가 닥쳤을 때 떡볶이 장사라도 할 수 있을 테니까. "나는 장사를 할 수 있는 사람이다."라는 것과 "직장만 다녀서 장사하려니 두렵고 답답하다."라고 말하는 사람은 차이가 있다.

나는 장사 전문가, 인테리어 전문가, 계약 전문가, 상권 분석 전문가, 교육 전문가였다. 내가 뽑은 사원도 마찬가지다. 학창 시절 과제물 제출도 계약서 작성에 도움이 되었고, 대학 시절 읽었던 책들도 내가 좋은 결정을 내릴 수 있게 힘을 줬다. 어떤 일을 만났을 때에도 열정을 가지고 총력을 다해 지식을 얻고 나니 두려울 것이 없었다. 자신이 하고자 하는 일 외에는 다 싫다고 하는 사람을 더러 만난다. 그러면 무엇이 그를 발전시키고 준비시킬 것인가. 나는 실패해도 좋으니 모든 것을 경험하라고 젊은이들에게 말한다.

"경험하는 것에 대해 두려워하지 말라고. 나는 직원들에게 늘 말한다. 현장에 나가면 힘들 것이다. 각오를 하라. 아침부터 저녁까지 서 있다 보면 다리도 아플 거고. 하지만 경험해라. 다 도움이 될 것이다. 언제까지 내 밑에만 있을 것인가. 내 밑에만 있지 마라. 너도 사장이 되어라. 그래야 돈을 번다."

사람이 일에 대해 삐딱한 마음을 가지면 눈앞에 나타난 기회도 보이지 않는다. 무엇이 내 성공을 만들어 줄 것인지를 모른다. 나는 사무직으로 취직했는데 왜 나를 여기에 처박아 놓았느냐고 불평한다. 나는 어떤 것이든 잘하는 사람이 다 잘한다고 생각한다. 어느 부서에 보내든지 불

평 없이 최선을 다하는 사람은 항상 좋은 결과를 만들어 낸다. 이 부서
는 안 된다고 찍힌 사람은 다른 부서에서도 마찬가지다.

# 7장

# 리더십은 존경심에서 나온다

진정으로 훌륭한 사람은 뛰어난 업적과 성과를 낸 사람이 아니다. 사람들에게 존경을 받고 많은 사람에게 선망의 대상이 되는 사람이다. 가장 좋은 기업은 규모 면에서 가장 뛰어난 실적을 보여 주는 데가 아닌 성과는 물론이고 많은 사람에게 진심으로 존경받는 기업을 말한다. 아딸은 어느 정도 이루었을 때 더 조심했다. 첫 약속을 잊지 않고자 노력했고 이익을 좇지 않기 위해 나 자신을 채찍질했다. 그 덕분일까. 아딸은 언제나 고객을 잊지 않고 진심을 기억한다.

리더십은 존경심에서 나온다. 존경심은 사람됨에서 비롯된다. 덕을 세운 사람이 존경받는다. 덕은 사람들에게 베풂으로 세워진다. 자기 것만 가지려 하지 않고 나누려 하고 함께 살고 함께 누리려 하면 모두가 가지게 되는 것이다. 그런데 나 혼자만 가지려 하면서 네 것도 내 것이고 내 것도 내 것이라 하게 되면 다른 사람에게는 상처를 주게 된다. 그러면 그는 존경을 얻을 수 없고 리더십을 가질 수 없다. 몸소 본이 되어야 한다. 자기는 그렇게 살지 않으면서 남에게 그렇게 살라는 것은 잘못된 것이다. 먼저 본인이 그렇게 살면서 그로 인해 많은 사람이 행복해지는 것이 중요하다.

## 진심을 간직하라

우리 직원이나 대학생들에게 또는 내 강연을 듣는 사람들에게 물었다. 우리 사회가 진심이 통하는 사회일까요? 많은 사람이 고개를 갸우뚱한다. 거짓이 난무하는 세상이라고 생각한다. 많은 사람이 법에 저촉되지만 않는다면 어떻게든 다른 사람의 것을 내 호주머니에 집어넣으려 한다. 법적으로 문제 되지 않는 범위 안에서는 약아져도 괜찮다고 생각하는 사람이 부지기수다. 그래서 다들 우리 사회는 진심이 통하는 사회가 아니라는 것이다. 그러나 나는 반대로 얘기한다. 진심이 통하는 사회라고. 나를 보라고, 진심을 다했던 것이 성공을 거두고 그것이 다른 사람들에게 이야기가 된다고.

부부가 나란히 앉아 있기에 두 분이 참 잘 어울린다고 얘기했다. 그랬더니 하는 이야기가 한번 살아 보라는 것이다. 지금 눈앞에 보이는 것과는 달리 막상 살아 보면 다르다는 것이다. 하지만 나는 반대로 생각했으면 한다. 살아 봤더니 정말 좋은 사람이었다고 얘기할 수 있었으면 좋겠다. 남편과 20년 살았는데 살면 살수록 좋다고 이야기할 수 있는, 그렇게 진심이 통하는 사람이었으면 좋겠다. 아플 때나 건강할 때나 가난할 때나 부유할 때나 그 어떤 일이 있을 때에도 항상 이 여자를 사랑하겠냐고 물었을 때 "네."하고 대답했으므로 죽을 때까지 사랑해야 한다. 자기 자신은 돌아보지 않으면서 상대방을 탓하는 것은 잘못이다. 진심은 마음이 변하지 않는 것이다. 외모와 상관없이, 환경과 상관없이 사랑할 수 있는 것이다.

성공에 관해 얘기할 때 사람들은 이렇게 말한다. 나는 부모를 잘 못 만나서, 나는 좋은 사람이 곁에 없어서. 그런데 당신이 먼저 좋은 사람이 될 수는 없었는가. 당신은 좋은 사람이었는가.

### 당신은 타인에게 진심이었는가, 자문해 보라

학창 시절 발표를 할 때마다 나는 다리가 후들후들 떨렸다. "될성부른 나무는 떡잎부터 알아본다."라는 속담은 잘못되었다. 늘 반장을 도맡아 하고 리더십 있던 사람이 사회에서도 잘된다는 보장이 없기 때문이다. 나는 서울대생도, 경영학도도 아니었다. 사람들은 내게 "당신은 무엇이 있었냐."고 묻는다. 나는 '진정성'이 있었다고 얘기한다. 이 사회는 진정성이 통하는 사회였기 때문에 내가 성공했던 것이다. 원칙을 따라 실천하다 보면 답답하고 모자란 사람처럼 보이기도 한다. 내 아버지는 평생을 가난 속에 사셨다. 우리들은 쌀독에 쌀이 떨어지기 시작하면 누룽지를 먹으며 자랐다. 내가 누룽지를 먹을 때 어머니와 아버지는 굶으셨다. 어머니에게 물어본 적이 있다. 어머니는 너무 가난했기 때문에 실패한 인생이신가요? 그랬더니 어머니는 행복하게 사셨단다. 바르게, 사명감을 가지고 살았다고 말해 주었다. 아버지는 돈보다 가치관을 물려주었

다. 그것이 세상을 변화시킬 만한 것이었냐고 물으면 그렇다고 대답하고
싶다.

# 8장

# 성공을 나누라

　나이키와 스타벅스는 수년 전 각각 비슷한 이유로 비난을 받았다. 나이키는 제3세계 어린이들의 노동력을 착취하여 만든 스포츠용품을 만들었다는 점에서, 스타벅스는 저임금 노동자들이 생산한 원두를 판매했다는 점에서. 반면 '오늘 한 켤레의 신발을 구입하면 내일 다른 한 켤레의 신발이 기부된다.'는 의미로 신발의 이름도 '내일의 신발(Tomorrow's Shoes)'로 불리는 톰스 슈즈의 기부가 인상적이다. 기업의 존재 목적이 기부인 셈이다. 요즘 기업과 사회는 파트너로 변화하고 있다. 기업이 사회를 변화시키는 힘이 없다면 살아남기도 힘들다. 기업은 착한 경영을 통해 착한 소비를 유도하고 소비자를 교육시키는 노력도 병행하고 있다. 아딸의 경우는 어떠한가.

　아딸은 가수 김민기가 운영하는 학전의 청소년 연극 「고추장 떡볶이」

라는 프로그램을 지원하고 있다. 부모님이 부재 중에 아이들이 떡볶이를 해먹으면서 자립심을 키우는 내용이다. 학전의 요청으로 연극이 끝날 때마다 아이들에게 떡볶이를 만들어 준다. 아딸의 문화 행사의 지원 방향은 청소년 관련 분야에 맞춰져 있다. 현재 보육원을 한 곳 후원하고 있는데 후원하는 방식이 독특하다. 12월 송년의 밤 행사에서 음식을 해 준다. 그리고 꿈이 없는 아이들을 위해 직업 체험을 시켜 준다. 이철수 판화가를 만나게 해 주고 최고 레스토랑 셰프를 만나게 해 주었다. 요리를 하고 싶은 아이들을 뽑아서 한 시간 30분짜리 정찬과 함께 레시피 적은 편지와 선물을 주었다. 보육원 아이들에게 형식적인 지원이 아닌 진심으로 함께 즐기는 시간을 제공한다. 그리고 아딸 광고 모델은 무조건 아이들에게 데리고 간다. 아이들에게 자랑거리가 되기 때문이다. 처음에 보육원 원장님에게 돈이 필요하면 지원을 하고, 시설이 필요하면 시설 지원을, 컴퓨터가 필요하면 사 주겠다고 약속한다. 하지만 원장님은 아이들에게는 손이 필요하다고 한다. 안아 주고, 같이 놀아 주고 아이들을 밖으로 나올 수 있도록 이끌어 달라고 한다. 나는 약속했다. 아빠의 입장에서 아이들이 좋아하는 것을 최선을 다해 해 주겠노라고. 아이들이 커 가며 아딸의 지원도 진화하고 발전하게 될 것이다. 아딸이 생각하는 문화는 그 아무리 힘든 환경에 처한 사람에게도 꿈을 심어 주는 선한 부자의 모습으로 구체화될 것이다.


## 도움이 필요한 곳은 곳곳에

가난한 삶은 드라마틱하지 않다. 부모의 이혼, 할아버지의 알코올 중

▲ 2010년 8월. 성내 복지관에서 주관한 강동 송파 지역 결식아동 체육대회. 아직도 대한민국에, 그것도 수도인 서울에, 학교 급식을 먹을 수 없는 방학 중이면 점심을 먹지 못하는 아이들이 있다. 서울이 이 정도라면 다른 곳은 말해 무엇하겠는가?

▲ ▲ 2010년 10월. 이천 성애원에서. 2009년 인연이 되어, 지금까지도 꾸준히 만남을 지속하고 있는 성애원. 이경수 대표와 이현경 이사가 아이들과 비누 만들기 체험을 하고 있다.

▲ 2012년 10월, 아름다운가게 안국점에서 2011년에 이어 두 번째로 나눔 바자회를 하고 있다. 아름다운 가게 사진 앞줄 좌측 세 번째부터 홍명희 이사장, 이현경 이사, 이경수 대표, 이준수 이사, 김은미 팀장이 나란히 서 있다.

▲ ▲ 아름다운 가게 나눔 바자회에 보낼 중고 물품들. 고객, 점주, 협력업체, 본사 직원이 나눔 바자회에 참여해 주었다.

독, 할머니의 부재, 아이들의 방황 등 너무 희망이 없어 보인다. 아딸은 희망 없는 곳에 실질적인 도움을 주고 있다. 홀로 사는 노인의 환경 개선이나 보육원을 돕고 있는데, 꾸준히 3~5년 지속하다 보니 도움이 필요한 곳에서도, 우리 내부에서도 변화가 일기 시작했다. 먼저 결식아동 돕기 프로젝트를 시작했다. 송파구에도 방학 때 식사를 할 수 없는 아이들이 많다. 이혼으로 할아버지, 할머니에게 맡겨지지만, 일하러 다니는 할아버지, 할머니로 인해 아이들은 굶는 경우가 다반사다. 그래도 학교를 다닐 때는 식사와 공부를 해결할 수 있지만 방학이 되면 방치되는 경우가 많다. 아딸은 그런 환경에 처한 학생들만 모아서 프로그램을 진행하고 있다. 일정한 학교 하나를 지정해서 그곳으로 아이들을 모으니 거의 2,000명 정도 된다. 특별한 프로그램이 있는 것이 아니다. 같이 모여서 놀다 먹고 집에 간다. 아이들에게는 생존의 문제다. 현재 급식 제도는 문제가 있다. 급식은 식사를 해결하지 못하는 아이들에게 삶을 유지하는 데 중요한 도구다. 따라서 방학 때에도 급식을 해야 한다고 생각한다. 학교에 와서 먹기도 하고 교육 프로그램을 통해서 공부도 하며 보호받아야 한다. 아이들이 집에 혼자 남아 라면과 소시지 등으로 배를 채우게 해서는 안 된다. 아이들은 뼈대가 굵어질 때까지 밥을 먹어야 제대로 큰다. 그것이 차세대를 위한 투자다. 아딸은 비록 작은 일이지만 멈추지 않고 자라나는 아이들을 위한 사업을 진행할 것이고, 이 일들이 확대되어 구석진 사회에 따뜻한 바람이 불게 될 날을 기대한다.

## 나로부터 시작되리

행복이라는 것은 먼저 나부터 시작되어야 한다. 행복의 조건을 보면, 행복하지 않을 수 있는 상황인데 행복해한다는 것. 이 이야기는 신앙이 없는 사람들에게도 필요하다. 내가 행복하지 않아도 행복할 수 있다는 것. 이것을 먼저 생각해야 하고 환경을 바꿔야 한다. 행복한 일이 생겨야 행복한 것이 아니라 먼저 행복한 일이 생기기 전에 내 마음에 행복을 들여야 한다. 행복의 싹을 키웠더니, 그 싹이 행복한 일로 만들어진다는 것, 심지어 그 작은 행복을 다른 사람에게 전달하면 행복은 배가 된다.

"행복하십니까?"라고 묻는 것은 내가 행복하냐는 것이지, 행복한 환경이 되었느냐는 질문이 아니다. 나는 행복하려면 부모를 잘 만나야 하고, 환경이 좋아야 하고, 친구를 잘 만나야 한다고 생각하지 않는다. 물을 먹어서 해결되는 갈증이 아니라 내부에서 생수의 강이 흘러나와야 만족하게 되는 것이다. 내 속에 우물을 만들어야 한다. 저비용으로 이윤을 극대화한다는 목표만 강조하다 보니 '그래? 다른 사람의 것을 빼앗아야 하는 건가.'라고 잘못 생각하고 있다. 그러나 사람들은 지친다. 자기를 채우는 것에서 실패를 하니 더 큰 성공은 기대도 할 수 없다. 유대인들을 자기를 먼저 채우는 작업을 한다. 그러기 위해 어릴 때부터 성경을 가르친다. 그 사람의 마인드와 가치관부터 채워진다. 옳고 그름에 대한 이야기, 먼저 해야 할 것과 나중에 해야 할 것, 중요한 것과 덜 중요한 것에 대한 이야기, 그 인생에 대해 가장 중요하게 생각하는 것을 먼저 가르친다. 그 가치관을 채우고 그것을 명확하게 한 사람은 나중에 학문을 채우고 전문적 지식을 채운다. 그래서 유대인들은 전 세계의 정책, 과학 등, 여러 분야에서 최고의 위치에 오른 것이다. 많은 사람에게 "왜 그렇게 돈을 벌려고 합니까?" 하고 물었더니, "내 아이에게는 이 지긋지긋한 가난을 물려주고 싶지 않다."라고 대답한다. 그러나 생각을 좀 다르게 해보자. 아빠가 통닭을 튀기면서 새까만 기름에서 튀기는 것이 아니라 매일 깨끗한 기름으로 튀기는 모습을 보여 주는 것이다. "아빠 왜 기름을 자주 바꿔요?"라고 물어보면 "얘야, 이렇게 해야 옳은 거란다."라고 알려 줬다면 그 후 가난하게 한평생을 살았다 하더라도, 그 아이 세대에는 확실히 성공할 수 있게 된다. 성공과 돈을 버는 것은 다르다. 나는 행복이 성공이라고 생각한다. 아이에게 돈을 물려주려고 하지 말고, 행복과 올바른 가치관을 물려준다고 한다면 이미 절반은 성공한 것이나 다름없다.

## 행복 대출

나는 성공한 기업가다. 사람들은 내게 말한다. 얼마든지 돈을 쓸 수 있어서 좋겠다, 얼마든지 좋고 넓은 집을 가질 수 있어서 좋겠다, 아이들에게 무엇이든지 지원해 줄 수 있어서 좋겠다라고. 하지만 난 그렇게 하지 않는다. 단지 계단 밑에서 생활할 때처럼 아내와 아이들을 사랑하는 데만 애를 쓴다. 사랑함에는 돈이 그다지 많이 필요하지 않다. 마음이 전달되는 건 눈빛만으로도 알기 때문이다.

갑자기 성공하자 주변에 알리고픈 마음에 세월을 당겨쓰고, 돈을 당겨쓰는 사업가들이 많이 있다. 갑자기 구질구질했던 과거가 싫어서 살던 곳을 떠난다. 그리고 평소의 취미나 친구, 취향까지 바꿔 버린다. 얼마간 그 사람들은 스포트라이트를 받으며 부러움에 취해 살 것이다. 욕심은 분열과 갈등을 조장하기 쉽다. 얼마 지나지 않아 그동안의 행복은 물거품처럼 부서진다. 나는 강연에 초대될 때면 언제나 행복을 당겨쓰라고 강조한다. 행복은 얼마든지 내일의 것을 가져다 써도 줄어들지 않는다. 하지만 돈은 당겨서 쓰면 그것에 얽매여 자유를 빼앗는다. 돈을 당겨쓰는 순간은 행복하지만 그 책임이 너무 커진다. 나는 행복 대출을 권한다. 이자도 없고 추심도 없고 자격도 없고 원하는 사람에게 조건 없이 부어주는 행복이니 미리미리 누리라고 말이다.

**Q** 저마다 가치관을 정립하는 데 도움을 주는 멘토가 있습니다. 어떤 멘토를 만나느냐에 따라 사람 됨됨이가 달라지기도 합니다. 대표님의 리더십에 영향을 끼친 멘토가 있습니까?

**A** 아버지입니다. 초등학교 중학교 때 존경하는 사람을 쓰라고 하면 저는 아버지 성함을 썼지요. 선생님들은 누구냐고 되물으셨어요. 제가 아버지에게 삶의 태도를 배웠듯이, 내 아이들에게도 그렇게 해 주고 싶습니다. 나는 리더십이 무엇이냐 물으면 '존경심'이라 말합니다. 기업가의 리더십은 미래를 예측하는 통찰력과 추진력에서 나옵니다. 또 시련을 극복해 가는 지혜와 전문성이 필요합니다. 누구보다 전문적인 것에 몰입해야 합니다. 또 사람과 함께하는 융화력, 함께 나누는 따뜻한 마음을 갖추어야 합니다. 전체적인 삶의 방식에서도 본보기가 되어야 합니다.

**Q** 아버지의 겸손하심을 많이 본받고 기업 철학에도 적용하신 것으로 압니다. 부모님은 어떤 분이셨나요?

**A** 아버지는 겸손한 분이셨습니다. 어려운 시절을 보내면서, 저희를 먹이기 위해 부모님은 굶으신 날이 많았는데도 언제나 웃으셨고 남을 위해 사셨어요. 가장 가까이 있는 사람한테 인정받아야 진짜지요. 저희 부모님은 보이기 위한 부부, 보이기 위한 부모가 아니었습니다. 제가 어렸을 때부터 존경하는 사람은 아버지 한 분뿐입니다. 지금도 변함이 없습니다.

> **Q** 기업하는 사람들이 존경을 받으려면 손해를 보게 되는 부분이 있는 것 같습니다. 그런데도 존경받는 기업이 되어야 하는 이유는 무엇인가요.

**A** 성공을 지속시킬 수 있는 힘이기 때문입니다. 꼼수를 쓰거나 비자금을 만들기 위해 사업을 시작하면 절대로 안 됩니다. 사업이 성공한 후에 덫으로 돌아옵니다. 기업은 위기가 닥쳤을 때 뭉쳐야 하는데, 그러려면 사장에 대한 신임이 있어야 합니다. 사원들이 사장을 믿으면 기업은 다시 살아납니다. 하지만 돈은 신뢰와 믿음을 만들지 않습니다.

"수익의 원리"



A 저는 주변에 다른 장사를 하거나 사업하는 분들에게서 미쳤다는 소리를 들었습니다. 이대 앞에 분식집을 차릴 때도, '최고 시설, 오픈 주방, 셀프 서비스, 저렴한 가격'이라는, 다소 어울리지 않는 시스템을 적용했습니다. 그 후 체인점을 운영할 때도, 매해 점주에게 유리한 방향으로 계약서를 개선해 나갔습니다. 본사 수익금의 대부분은, 제품 개발과 생산 시설 구비에 먼저 투자했습니다. 그래서 본사는 지금도 사옥 없이 월세를 살고 있습니다. 대부분의 수익금은 원재료 구입과 직원 교육, 생산 시설 확충에 투자를 했습니다. 특히, 원재료 구입에 많은 자금을 투자한 것은 원재료 가격이 폭등하고 있는 현 시점에 아딸의 가장 큰 경쟁력이 되고 있습니다. 이 모든 것은, 돈(이익)보다는 사람을 우선시했기에 가능한 일이었습니다. 돈보다 사람을 중요하게 여긴다는 제 생각을, 점주님과 직원들이 따라 주었기에 아딸이 성공할 수 있었습니다.

**A** 사실 그런 사람을 보면 한마디 해 주고 싶어져 참지 못하고 한마디 했다가 얼굴을 붉힌 적도 있습니다. 제 생각은 단순합니다. 돈보다 사람을, 나보다 남을 먼저 생각해야 한다, 안 그러면 성공할 수도 없고, 성공하더라도 외롭게 살아야 한다는 거죠. 더불어 행복하게 살면서 성공도 하고 싶으면, 원칙을 지키면서 사람을 소중히 여기면서 사업을 하는 것이 당연합니다.





**A** 저희 회사 복도에 이렇게 쓰여 있습니다. "아딸은 가족이 행복한 세상을 꿈꿉니다." 그동안 결손 가정 후원, 보육원 지원, 독거노인 급식 지원 등에 관심을 가져 왔습니다. 주거 환경 개선, 청소년 연극 지원, 초등학교 급식 지원 등에 관심을 가져 왔습니다. 이 분야는 손이 많이 가고, 돈도 많이 들고, 생색은 내기 힘들고, 방송에도 나오지 않습니다. 그러니 더욱 저희가 해야 하는 일이기도 합니다. 이제는 점주님과 고객, 그리고 직원 등 참 많은 분이 동참해 주십니다. 이렇게 하다 보면, 세상이 좀 더 행복해지지 않을까요?

"자신감의 발견"



A 남들 앞에 서는 것을 좋아하지는 않았습니다. 하지만 대학생이 된 후 학비를 벌기 위해 어쩔 수 없이 길에서 장사를 해야 했습니다. 방학 동안에 아르바이트를 해서 학비를 충당하려면 열심히 할 수밖에 없었습니다. 저에게 소리 지르면서 장사할 자신감은 생존이자 생활이었습니다.



A 자신감이야말로 정말 중요합니다. 점주든 직원이든 자신감이 결여된 사람을 보면 정말 답답합니다. 그런데 실력이 뒷받침되지 않는 자신감 역시 조심해야 합니다. 사업하는 데 필요한 자신감은 겸손한 자신감, 준비된 자신감, 탄약을 채운 후 격발을 기다리는 자신감입니다.

**Q** 직원 한 명을 잘 키우라고 하셨는데, 직원에게 주인 의식을 갖게 하려면 어떻게 해야 할까요? 특별한 교육 방법이 있으면 말씀해 주십시오.

**A** 아딸은 직원 교육을 혹독하게 시키는 편입니다. 모든 직원은 보직과 상관없이 직영점 근무를 의무화했습니다. 특히 교육부와 슈퍼바이저 같은 경우는 최소 3개월에서 1년까지 현장 근무를 의무적으로 마쳐야 합니다. 점주님을 교육하고, 관리해야 할 직원들이 점주님 마음을 못 헤아리면 큰일이니까요. 같은 마음이면 같은 행동을 합니다. 겪어 봤으니 동병상련, 측은지심이 생기겠죠. 주인 의식은 의외로 쉽습니다. 저희 아딸의 가치를 극대화하면 됩니다. 누구나 일하고 싶고 남에게 소개하고 싶은 회사가 된다면, 이곳에서 일하는 직원들은 자연스럽게 주인 의식이 생깁니다. 주인 의식은 아끼는 마음에서 시작된다고 생각합니다.

“가족의 힘은 어마어마합니다.
죽을 것처럼 힘들 때라도 가족이 한마음으로 곁에 있으면
다시 일어날 수 있습니다.
가족이 모이면 엄청난 에너지가 나옵니다.
한 사람과 한 사람이 모여 두 사람의 힘이 나오는 것이 아니라
열 사람, 스무 사람의 힘이 나옵니다.
때로는 힘들더라도 가족 전체가 마음으로 모이면
어떤 일이든 언젠가는 극복할 수 있다고 저는 믿습니다.”

## 고마운 사람들

책을 쓰면서 저를 이 자리에 있게 만들어 준 사람들이 생각나 내내 마음이 따뜻하고 즐거웠습니다. 고마운 사람들이 너무 많습니다. 아빠을 같이 시작하고, 누구보다 열정적으로 함께 키워 온 아내 이현경. 이제는 플로리스트로서, 요리 연구가로 자리 잡아 가는 아내를 보면서, 내가 저 사람 남편이라는 게, 저 사람이 나의 동반자라는 게 너무 감사합니다. 그리고 바쁜 부모 때문에 외롭게 자란 두 딸 세미, 세영에게 미안하다는 말보다는 사랑한다고, 항상 본이 되는 부모가 되고 싶다는 마음을 전합니다.

성공에 이른 지금의 모습을 보시지 못하고 돌아가신 장인어른, 장모님께 감사드립니다. 아내 마음속 장인어른, 장모님의 빈자리를 볼 때마다, 즐거운 일이 있을 때마다 함께하지 못한다는 생각에 마음이 아픕니다. 더 열심히 아내와 아이들을 사랑하겠다는 다짐으로 아쉬움을 대신하려 합니다.

그리고 아버지, 어머니. 당신들이 제 부모인 게 너무도 감사합니다. 언제나 현역이신 아버지의 삶을 존경하고 저 역시 그 길을 따라 걷겠습니다. 당신의 넓은 품을 닮아 가겠습니다.

그리고 어머니, 가난한 개척교회 목회자 사모로 살아온 40년, 그 힘든 시절에 아들 셋을 키우셨고, 남편과 함께 40일 금식 기도를 하셨고, 매일 울며 기도하셨던 어머니, 몇 년 전 위암으로 쓰러 지셨을 때는 정말 하늘이 무너지는 줄 알았습니다. 건강히 오랫동안 저희 곁에 있어 주실 것을 약속해 주십시오.

또한 올곧은 신앙과 바른 마음으로 항상 나를 지지해 준 미국에서 신학 공부를 하고 있는 동생 민수와 그리고 내 곁에서 사업을 도와주고 있는 막내 준수에게 고마움을 전합니다. 특히 준수는 지금의 나를 만들어 준 세상에서 가장 지혜로운 사람입니다.

아딸의 시작과 함께했고, 지금도 든든히 자리를 지키는 우리 직원들. 누구보다 회사를 아끼는 김성율 부장님, 항상 듬직한 하민호 과장님, 열정적인 이은숙 과장님, 신사답고 자신감 있는 이상진 과장님, 세심하고 자상한 김태희 과장님, 꼼꼼하고 마음 여린 김윤숙 과장님, 긍정적이고 밝은 김은미 팀장님. 당신들이 있어 이렇게 사업할 수 있습니다.

이름을 적지 못한 78명의 본사 직원들, 해외 파견 직원들, 백여 명의 물류팀, 수천 명의 아딸 협력업체 분들에게도 감사한 마음을 전합니다.

마지막으로, 가장 감사하고 싶은 분들은 아딸 점주님들입니다. 아딸을 믿고 선택해 주셔서, 믿고 따라와 주셔서 감사합니다. 변하지 않겠습니다. 지켜봐 주시고, 격려해 주십시오.

지난 시간을 돌아보니, 온통 행복뿐입니다. 감사하고, 사랑하고, 인내하였더니 행복해졌습니다. 앞으로도 더불어 나누는 삶을 살아가며 멋지게 성장하는 모습 보여 드리겠습니다.

감사합니다. 다시 시작하겠습니다.

2012년 11월 아딸 대표이사 이경수

# 아딸이 걸어온 길

| | | |
|---|---|---|
| **1972년 09월** | '문산튀김집' 오픈 |
| **2000년 11월** | 금호동 분식집 '자유시간' 오픈 |
| **2002년 02월** | SBS 「리얼코리아」 방영 |
| **2002년 04월** | 이화여대 '아버지 튀김 딸 떡볶이' 오픈 |
| **2002년 04월** | SBS 「맛기행 그곳에 가면」 방영 |
| **2002년 05월** | 체인 사업 시작 |
| **2003년 07월** | '아딸' 특허 등록 |
| **2004년 03월** | '허브, 감탄' 신촌점 오픈 |
| **2004년 12월** | 매일경제 TV 「성공 예감 우먼&우먼」 소개 |
| **2005년 03월** | SBS 「생방송 투데이」 방영 |
| **2005년 05월** | 산소 웰빙 카페 'O.TWO.SPACE(오투스페이스)' 외대점 오픈 |
| **2005년 11월** | 한국 음식업 중앙회 월간지 《뚝배기》 11월호에 소개 |
| **2006년 02월** | SBS 「뉴스와 생활경제」 산소 웰빙 카페 O.TWO.SPACE 방영 |
| **2006년 03월** | KBS2 「무한지대 큐」 산소 웰빙 카페 O.TWO.SPACE 방영 |
| **2006년 04월** | SBS 「웰빙 맛사냥」 허브, 감탄 신촌점 방영 |
| **2006년 08월** | 《동아일보》「대학가 맛집, 베스트 오브 베스트」 소개 |
| **2007년 05월** | 《스포츠 서울》 파워브랜드 선정 |
| **2007년 06월** | KBS2 「생방송 세상의 아침」 방영 |
| **2007년 07월** | 부산 MBC 「생방송 전국시대」 방영 |
| **2007년 08월** | 아딸 100호 점 오픈 |
| **2007년 08월** | '허브, 감탄' 노량진 2호 점 오픈 |
| **2007년 08월** | '2007 프랜차이즈 fall 창업박람회' 참가 |
| **2007년 11월** | KBS1 「여성공감」 '아버지와 딸 아딸 이현경 이사 편' 방영 |
| **2008년 02월** | 2008 한국창업산업박람회 참가 |
| **2008년 03월** | 아딸 200호 점 오픈 |
| **2008년 04월** | (주)오투스페이스 법인 전환 |
| **2009년 04월** | 아딸 400호 점 오픈 |
| **2009년 04월** | 《동아일보》'중앙 에디션' 맛집으로 소개 |
| **2009년 05월** | 연극 「고추장 떡볶이」 협찬 개시 |
| **2009년 06월** | 공중파 광고 개시(전속모델 장윤정) |
| **2009년 08월** | 아딸 500호 점 오픈 |

| | |
|---|---|
| 2009년 08월 | 월간 《여성시대》 소개 |
| 2009년 08월 | 《월간식당》 '분식 프랜차이즈 아딸' 소개 |
| 2009년 10월 | KBS1 추석 특집 2부작 「떡볶이 세계화 프로젝트」 출연 |
| 2009년 10월 | MBC 「섹션TV 연예통신」 '황제성의 황금맛차' 출연(2010년 01월까지) |
| 2009년 12월 | 「MBC 일요일 일요일 밤에_단비」 & 「사랑의열매」 |
| | 떡볶이 30만 그릇 판매 수익금 기부 협약식 |
| 2009년 12월 | 《월간식당》 '분식점의 이미지 대변신'에 소개 |
| 2010년 02월 | 아딸 650호 점 오픈 |
| 2010년 04월 | 《스포츠 서울》 '중소강열전' CEO 인터뷰 게재 |
| 2010년 05월 | 《월간식당》 'FC리더스' CEO 인터뷰 게재 |
| 2010년 05월 | 《식품외식경제》 '기업탐방-우리가 최고!'에 소개 |
| 2010년 05월 | '2010 떡볶이 페스티벌' 참가 |
| 2010년 08월 | 아딸 700호 점 오픈 |
| 2010년 08월 | 굿네이버스와 사회 공헌 협약 |
| 2010년 09월 | 《매일경제 이코노미》 '떡볶이 장사 10년 만에 1170억 매출' |
| 2010년 12월 | 아딸 800호 점 오픈 |
| 2010년 12월 | 한국경제TV 박정윤의 「더 리더스」 출연 |
| 2011년 04월 | 《월간식당》 FC 탐방에 소개 |
| 2011년 07월 | 아딸 중국 베이징 1호 점 오픈 |
| 2011년 09월 | 《조선일보》 Why [한현우의 커튼 콜] 아딸 떡볶이 이경수 사장 |
| 2011년 09월 | 《매일경제 [Business & Success]》 깐깐한 가맹점 관리로 폐업률 제로에 도전 |
| 2011년 10월 | 한국경제 TV 「성공특강 디딤돌」 |
| 2011년 11월 | 제2브랜드 플라워카페 '듀셀브리앙' 오픈 |
| 2011년 11월 | 《매일경제》 [이렇게 성공했다] '아딸 떡볶이 만든 이경수 오투스페이스 대표' |
| 2011년 12월 | 《매일경제》 선정 '2011년 100대 프랜차이즈' 선정 |
| 2011년 12월 | 소상공인진흥원 선정 '우수 프랜차이즈 1등급' 선정 |
| 2011년 12월 | 아딸 900호 점 오픈 |
| 2012년 01월 | 아딸 cafe 론칭 |
| 2012년 01월 | MBC TV 「시사매거진 2580 – '新대박의 비밀'」 방영 |
| 2012년 01월 | 《매일경제》 '화통한국 으라차차 2012' |
| 2012년 02월 | 아딸 중국 베이징 2호 점 오픈 |
| 2012년 02월 | 《창업 & 프랜차이즈》 '1000개 가맹점 신화를 이룬 기업들의 성공 법칙 소개' |
| 2012년 08월 | TV조선 생생라이프 「프리미엄 라이프」 출연 |
| 2012년 09월 | 아딸 950호 점 오픈 |

# 착한 성공

1판 1쇄 펴냄  2012년 11월 30일
1판 4쇄 펴냄  2014년 1월 6일

**지은이** | 이경수, 신현숙
**발행인** | 김세희
**책임편집** | 김혜원
**자료조사** | 이하영
**펴낸곳** | ㈜민음인

**출판등록** | 2009. 10. 8 (제2009-000273호)
**주소** | 135-887 서울 강남구 신사동 506 강남출판문화센터 5층
**전화** | **영업부** 515-2000  **편집부** 3446-8774  **팩시밀리** 515-2007
**홈페이지** | minumin.minumsa.com

© 이경수·신현숙, 2012. Printed in Seoul, Korea
ISBN 978-89-6017-470-2 03320
㈜민음인은 민음사 출판 그룹의 자회사입니다.